A&D SERIES 2

BETA-PLUS

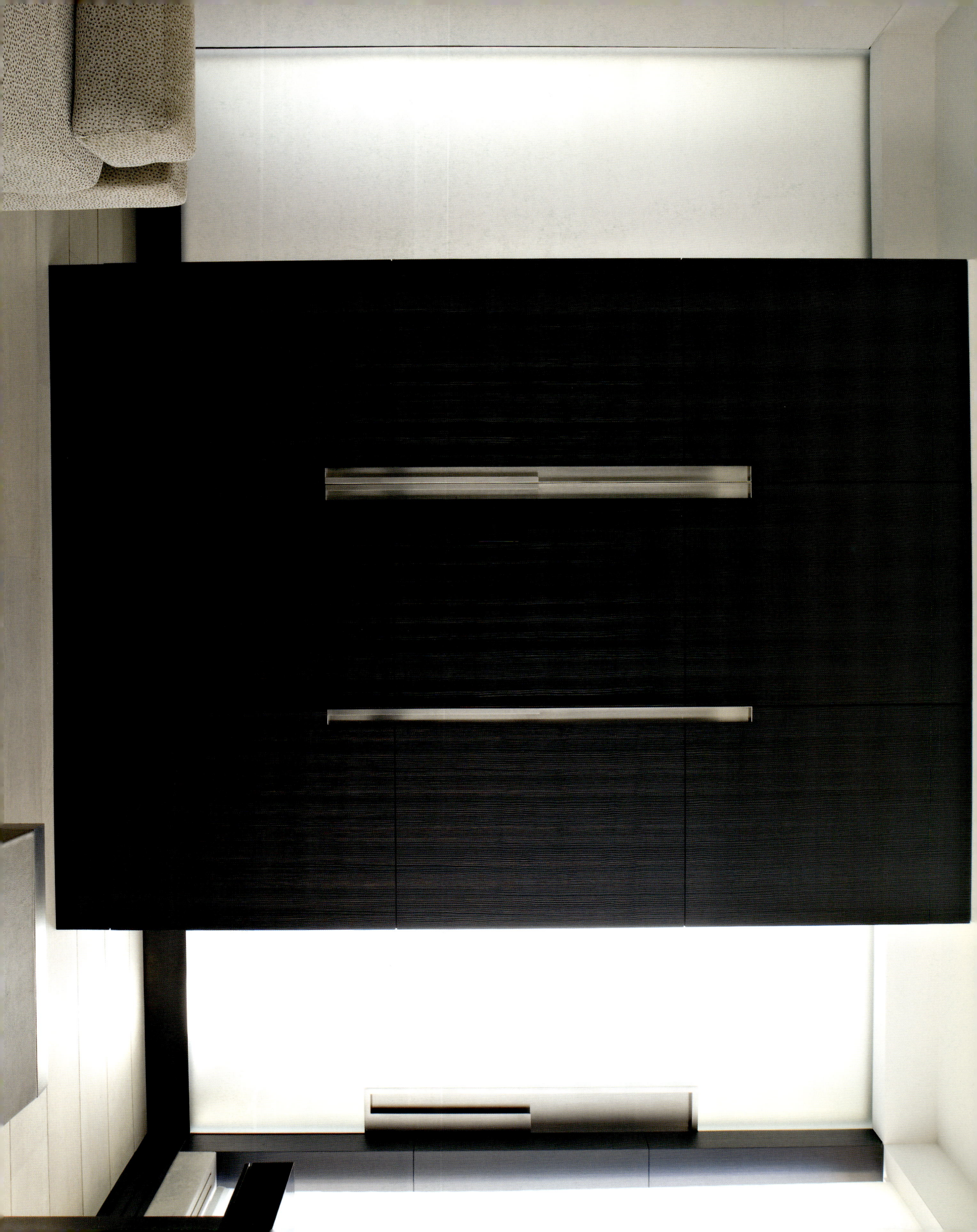

A&D SERIES 2

olivier lempereur

BETA-PLUS

FOREWORD

This new *A&D* (Architecture and Design) *Series* explores the close connections between contemporary architecture, interiors and home design.

This theme is illuminated with the help of fascinating monographs on leading architects, interior designers and design companies, and also with various thematic publications. Private residences, public projects, office buildings and shops are all featured.

The second volume of this new series is dedicated to the work of architect and interior designer *Olivier Lempereur* (b. 1969). After four to five years in the profession, he took a step into the world of luxury with his first large project, driven by his utilitarian, functional vision.

His boldness and his perseverance, his ready ear and his willingness to enter into dialogue, his streamlined design that reflects the desires of the individual client have all combined to make him one of the rising stars of architecture and interior design. The involvement of his stylist wife Hélène lends his work a sense of female intuition that allows every project to flourish, architecturally, aesthetically and emotionally.

Having designed leading boutiques, such as that of *Editeur de Parfums Frédéric Malle* in Paris and *Pierre Marcolini Chocolatier* in Brussels, and apartments and houses in the French capital, *Olivier Lempereur* is now revisiting Belgium, the country of his birth, to open a second office.

VOORWOORD

In deze nieuwe A&D (Architectuur en Design) Series worden de nauwe banden tussen hedendaagse architectuur, interieurontwerp en woondesign geëxploreerd.

Dit leidmotiv wordt belicht aan de hand van boeiende monografieën van toonaangevende architecten, interieurarchitecten en designbureau's, maar ook van verschillende themagebonden publicaties. Zowel privé-woningen, publieke realisaties, kantoorgebouwen als winkelprojecten komen hierbij aan bod.

Het tweede volume in deze nieuwe reeks is volledig gewijd aan het werk van Architect Decorateur Olivier Lempereur (°1969). Na een vijftal jaren beroepsactiviteit vormde zijn eerste belangrijke interieurproject een grote stap in de wereld van de luxe, geleid vanuit een utilitaire, functionele visie.

Door zijn durf en vastberadenheid, zijn luisterbereidheid en dialoog, zijn op maat van de klant gemaakte zuiverheid, is Olivier Lempereur uitgegroeid tot één der meest veelbelovende jonge architecten en interieurspecialisten. De nabijheid van zijn echtgenote Hélène, styliste, voegt aan zijn oeuvre een vrouwelijke, intuïtieve toets toe, waardoor elk project zowel architecturaal, esthetisch als gevoelsmatig tot volle ontplooiing komt.

Na de realisatie van gerenommeerde boetieks zoals deze van de Editeur de Parfums Frédéric Malle in Parijs en van Chocolatier Pierre Marcolini te Brussel, volgden diverse appartementen en woningen in de Franse hoofdstad. Dit jaar opende Olivier Lempereur een tweede kantoor in zijn geboorteland België.

PRÉFACE

Cette nouvelle collection A&D (Architecture et Design) Series explore les liens étroits qui unissent l'architecture et l'aménagement intérieur contemporains et le design.

Ce leitmotiv est illustré à l'aide de fascinantes monographies portant sur des architectes pionniers, des créateurs d'intérieur et des bureaux de design, mais aussi à travers différentes publications aux thèmes très divers. Les projets présentés concernent aussi bien des habitations privées, des réalisations publiques, des bureaux que des surfaces commerciales.

Le deuxième volume de cette nouvelle série est entièrement consacré au travail de l'Architecte Décorateur Olivier Lempereur (né en 1969). Après quatre à cinq ans d'activité professionnelle, sa première grande décoration lui ouvre les portes du luxe, conduit, par la loi du nécessaire et de la fonctionnalité.

Par son audace et sa persévérance, son écoute et son dialogue, son épure intégrée sur mesure, il s'est hissé parmi les valeurs montantes de l'architecture et de la décoration d'intérieur. La complicité de son épouse Hélène, styliste, apporte à son travail l'intuition féminine qui permet à chaque projet d'accéder à la plénitude architecturale, esthétique et émotive.

Après la réalisation de boutiques phare comme celle de l'Editeur de Parfums Frédéric Malle à Paris et de Pierre Marcolini Chocolatier à Bruxelles, d'appartements et de maisons dans la capitale française, Olivier Lempereur revient en Belgique, son pays natal, ouvrir un deuxième bureau.

6

CONTENTS

SOMMAIRE

INHOUD

INTRODUCTION

For this book, *Olivier Lempereur* has selected eleven projects that are representative of the development of his work since he created his studio in Paris. The book focuses on a clearly defined period of his career. A number of his previous projects are not included; others are still works in progress and so were not yet ready to be photographed for this book.

Olivier Lempereur was born in Brussels on 19 April 1969. His father was a doctor of chemistry who became an antique dealer because of his love of furniture. As a boy, *Olivier Lempereur* developed a passion for materials, especially varieties of wood, and so he became a cabinet-maker after completing his studies at the Institut Saint-Luc in Tournai. He soon wanted to place his furniture within a wider spatial framework, so he took courses in interior design at the Centre des Arts Décoratifs in Brussels. *Olivier Lempereur* gained his qualifications at CAD at the same time as completing a professional-training placement with *Andrée Putman*, the international design icon.

As is the case with all of the great interior decorators, furniture has always occupied an important place in the career of *Olivier Lempereur*. The relationship to the material and the finish, to the craftsmanship of the artisan have always been key to his work. "I've mastered the whole manufacturing cycle. My experience of cabinet-making has taught me about *l'art de vivre* over the centuries," states *Lempereur*. His favourite period remains the 1930s : he is completely enchanted by its proportions and volumes.

left to right

TABLE CHARCOT
BUREAU SECRET
CHAUFFEUSE CHARCOT
CHAISE CHARCOT
DETAIL

INLEIDING

Olivier Lempereur koos voor dit boek elf projecten die representatief zijn voor de evolutie van zijn werk sinds de creatie van zijn studiebureau te Parijs. Het gaat hier om een welomschreven periode uit zijn carrière. Enkele van zijn oudere realisaties zijn niet opgenomen, andere zijn nog niet afgewerkt en konden bijgevolg niet gefotografeerd worden voor deze uitgave.

Olivier Lempereur werd geboren te Brussel op 19 april 1969 als zoon van een doctor in de chemie, gepassioneerd door meubilair, die antiquair werd. Vanaf zijn kindertijd was hij geboeid door materialen, in het bijzonder door hout, waarna hij ebenist werd aan het Institut Saint-Luc te Doornik. Al vlug kaderde deze passie voor meubelen in een meer globale ruimtelijke dimensie: *Lempereur* behaalde een diploma aan het instituut voor interieurarchitectuur Centre des Arts Décoratifs te Brussel en volgde tegelijkertijd een stage bij het icoon van de internationale decoratiescène, *Andrée Putman*.

Naar analogie met het werk van de grote decorateurs, heeft het meubel steeds een belangrijke plaats ingenomen in de loopbaan van *Olivier Lempereur*: de relatie tussen de materie en de manier waarop deze wordt bewerkt - het artisanale vakmanschap - staat bij hem centraal. "Ik beheers de volledige fabricatiecyclus. Dankzij de ebenisterie heb ik de levenskunst door de eeuwen heen ontdekt", dixit *Lempereur*. Zijn favoriete periode: de jaren 1930, waarvan de volumes hem in vervoering brengen.

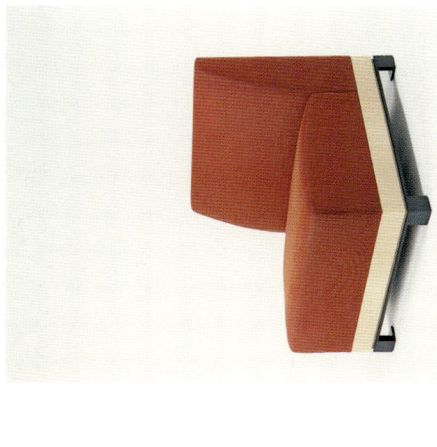

INTRODUCTION

Olivier Lempereur a choisi pour ce livre onze projets représentatifs de l'évolution de son travail depuis qu'il a créé son bureau d'études à Paris. Il s'agit ici d'une période bien définie de sa carrière. Certaines de ses réalisations anciennes sont absentes, d'autres sont encore en projet et ne sont donc pas prêtes à être photographiées.

Né à Bruxelles le 19 avril 1969, *Olivier Lempereur* a un père docteur en chimie, passionné de mobilier, devenu antiquaire. Tout jeune, il se passionne pour les matières et plus particulièrement pour le bois, il devient ébéniste après des études à l'Institut Saint-Luc à Tournai. Projetant rapidement ses meubles dans une dimension globale de l'espace, il suit des cours d'architecture d'intérieur au Centre des Arts Décoratifs à Bruxelles. *Olivier Lempereur* est diplômé du CAD en même temps qu'il réalise son stage chez *Andrée Putman*, icône de la décoration internationale.

Par analogie au mobilier des grands décorateurs, le meuble a toujours occupé une place importante dans la carrière d'*Olivier Lempereur*, le rapport à la matière et à sa manière d'être travaillée, du savoir-faire de l'artisan. – "Je maîtrise bien le cycle de fabrication, j'ai abordé l'art de vivre à travers les siècles". Grâce à l'ébénisterie, j'ai abordé l'art de vivre à travers les siècles". Sa période favorite reste celle des années 1930, dont les volumes le transportent.

He makes unique furniture for his clients, completely integrating it into the light-filled spaces that he creates with such ingenuity. His sofas exhibit a graphic interplay of clean lines, coupling the comfort of ergonomic seating with traditional construction methods that never skimp on the details. He unites the wood with a choice of metals and fabrics. His tables display the same simple geometry, embellished with original materials. Olivier Lempereur works with the best artisans in Belgium and France.

He resists all fashions, trends, labels, constructing a universe that is in perfect symbiosis with the personality, the needs, the priorities of every client. His *métier* may be summed up in a few words : he is an architect and interior designer who focuses on the individual project, rather than on some "total look" concept that distorts any style.

Lempereur does away with the superficial and the useless, sublimating the essence of a project to create a style that is both uncluttered and ingenious. With flexibility and intelligence, he examines the proportions and volumes and considers the light and perspectives before putting forward a variety of proposals - he believes that "a great plan makes a great project" - and arriving at the ideal solution. All of the plans accompanying the reports in this book have been carefully thought out.

left to right

VIDE POCHE CLEF
DETAIL
DETAIL
TABLE BASSE CHARCOT
BUREAU LEOPOLD

Voor zijn klanten realiseert hij unieke meubelen, volledig geïntegreerd in lichtrijke, ingenieus geconcipieerde ruimten. Zijn canapés tonen een zeer zuiver lijnenspel, gekoppeld aan een absoluut zitcomfort: een combinatie die het teruggrijpen naar eeuwenoude technieken vereist. Het is een compromisloze aanpak waarin op geen enkel vlak wordt uitgespaard. Zijn tafels illustreren dezelfde eenvoudige geometrie, veredeld door onuitgegeven materialen. *Olivier Lempereur werkt met de beste artisanale vaklui in België en Frankrijk.*

Hij is wars van alle modes, tendenzen, labels. Hij creëert een universum dat telkens in perfecte symbiose met de persoonlijkheid, de desiderata en de prioriteiten van de klant wordt gerealiseerd. Zijn métier is samen te vatten tot enkele woorden: architect decorateur op maat, ver weg van een "total look" concept, dat elke stijl onnatuurlijk maakt.

Lempereur schrapt het artificiële en het nutteloze, en sublimeert de essentie in een uitgepuurde, ingenieuze stijl. Vol souplesse en intelligentie bestudeert hij elk volume, rekening houdende met de lichtinval, de perspectieven, ... om zo tot enkele initiële plannen te komen - "een mooi plan vormt de basis van een mooi project" - die leiden tot een ideale oplossing. In deze publicatie is het plan, gepubliceerd bij elke reportage, grondig doordacht en goed voorbereid.

Pour ses clients, il réalise des meubles uniques s'intégrant dans l'espace lumineux qu'il articule avec ingéniosité. Ses canapés jouent le graphisme de lignes très pures, le confort absolu doté d'une assise ergonomique, exigeant une construction à l'ancienne ne faisant l'économie d'aucun poste. Il allie le bois avec le métal et le tissu au choix. Ses tables adoptent la même géométrie simple, rehaussée de matières inédites. *Olivier Lempereur travaille avec les meilleurs artisans de Belgique et de France.*

Il se veut hors des modes, des tendances, des étiquettes. Il construit des univers déclinés en parfaite symbiose avec la personnalité, les exigences, les priorités de chaque client. Son métier tient en quelques mots : architecte décorateur sur mesure, loin de tout concept "total look", dénaturant un style.

Il supprime le superficiel et l'inutile pour sublimer l'essentiel et dessine un style dépouillé et ingénieux à la fois. Il réalise avec souplesse et intelligence une étude de chaque volume, en tenant compte de la lumière et des perspectives, propose plusieurs plans de départ - "un beau plan fait un beau projet" - pour aboutir à une solution idéale. Dans cet ouvrage le plan de chacun des projets est soigneusement pensé.

Every project features faultlessly aligned spaces, perfectly integrated storage areas, carefully concealed technological devices, the shock of unusual materials - horsehair, goat's hair, parquet floors with a bronze finish, rare types of wood - and the aim of creating subtle interplays of colour. The personalised nature of this decoration emanates a sense of warmth, functionality, *joie de vivre* !

The thread running through this book is the desire to demonstrate what the projects have in common and what it is that makes them individual.

Each location has been specially photographed for this publication, with the aim of bringing out the shapes, the materials and the colours.

left to right

CHAISE CHARCOT
2 x BRIDGES CHARCOT
BUFFET CINTRÉ CRIN
BUFFET EBENE & CUIR
TABLE EQUATION

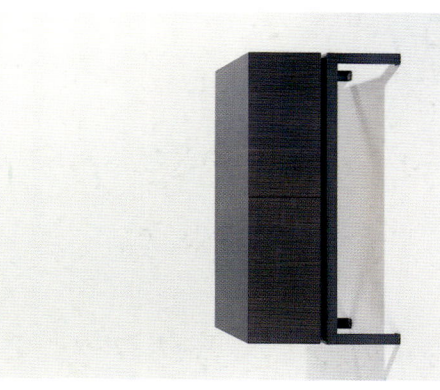

In elk plan vindt men een feilloze rechtlijnigheid van de volumes, een perfecte integratie van alle bergruimten en vakkundig gecamoufleerde hoogtechnologische snufjes, de schok van unieke materialen - paardenhaar, gepikeerd geitenhaar, parketvloeren met bronsafwerking, zeldzame houtsoorten, ... - en het zoeken naar subtiele kleurschakeringen. Deze persoonlijke aanpak straalt warmte, functionaliteit en levensvreugde uit.

De bedoeling van dit boek is om zowel de eigenheid van elk project als de gemeenschappelijke kenmerken ervan overtuigend te illustreren.

Elke ruimte werd speciaal gefotografeerd voor deze publicatie, met bijzondere aandacht voor de vormen, de materies en de kleuren.

On retrouve dans toutes ses créations une linéarité sans faille des volumes, une parfaite intégration de tous les endroits de rangements, une utilisation de la technologie de pointe parfaitement camouflée, le choc de matériaux uniques - crin, chevreau piqûré, parquet fini bronze, bois précieux - la recherche de coloris subtils. De cette décoration personnalisée émane chaleur, fonctionnalité, plaisir de vivre !

Le fil conducteur de cet ouvrage est de mettre en évidence ce qui réunit chaque projet et ce qui les distingue.

Chaque lieu a été spécialement photographié pour les besoins de l'ouvrage laissant ressortir les formes, les matières et les couleurs.

COMMERCIAL SPACES & OFFICES

ESPACES COMMERCIAUX & BUREAUX

COMMERCIËLE RUIMTEN & KANTOREN

EDITIONS DE PARFUMS
FRÉDÉRIC MALLE

A boutique that seems to have been there forever. On the one hand, you would think that no one had touched this space : it has definitely remained a real shop. On the other hand, a completely contemporary space has been created here, including the technological innovation of perfume columns.

Comme une boutique ayant toujours existé. D'un côté, on croirait que personne n'a touché à cet espace, qui reste un vrai magasin. De l'autre, un lieu totalement contemporain et techniquement innovant par ses colonnes à parfum.

Als het ware een boetiek die er altijd is geweest. Enerzijds lijkt het alsof niemand deze ruimte heeft aangeraakt: het is een echte winkel gebleven. Anderzijds werd hier een resoluut hedendaagse ruimte gecreëerd, technisch vernieuwend door de zuilen met parfums.

In the centre, a block of black patinated steel on the cast polished-concrete floor.

Au centre, un bloc d'acier patiné noir est posé sur le sol coulé en béton ciré.

Centraal een zwart gepatineerd stalen blok, geplaatst op de gietvloer in gewaxt beton.

Display shelves with a patinated brass finish. Photograph by *Philippe Ramette*.

Bibliothèque de présentation en équerre de laiton patiné. En face une photo de *Philippe Ramette*.

Een presentatiebibliotheek afgewerkt met gepatineerde messing. Frontaal een foto van *Philippe Ramette*.

The bottles of perfume are stored in refrigerators.

A variety of materials has been used : plain-sawn oak, patinated brass and glass.

Les flacons de parfums sont conservés dans des armoires réfrigérantes.
Utilisation de différents matériaux, bois de chêne sur dosse, laiton patiné, verre.

De flacons met parfum worden bewaard in koelkasten.
Hier werden meerdere materialen gebruikt: eiken doshout, gepatineerde messing en glas.

In the entrance hall, *Olivier Lempereur's* design harmonises with a number of collection pieces, such as this desk and chair by *Jean Prouvé*.

Dans l'entrée, l'ensemble dessiné par *Olivier Lempereur* côtoie des pièces de collection tels ce bureau et cette chaise de *Jean Prouvé*.

In de inkomhal harmonïeert de creatie van *Olivier Lempereur* met enkele collectiestukken, zoals dit bureau en deze stoel van *Jean Prouvé*.

An austere atmosphere in this red space with its specially designed perfume columns.

Cabinet rouge, ambiance monacale, aux colonnes à senteurs dédiés au sur mesure.

Monacale sfeer in het rode kabinet, met op maat gemaakte zuilen van geuren.

SHOWROOM ZIMMER + ROHDE

The collection of *Zimmer+Rohde*, the German textile company, is displayed over three floors of a listed building on *Place du Palais Royal* in Paris, originally a music academy.

L'éditeur de tissu allemand *Zimmer+Rohde* s'approprie trois niveaux d'un immeuble classé sur la place du Palais Royal, ancienne académie de musique.

De Duitse *éditeur* van stoffen *Zimmer+Rohde* toont zijn collectie op drie verdiepingen van een geklasseerd pand op het plein van het *Palais Royal* te Parijs, oorspronkelijk een muziekacademie.

REZ-DE-CHAUSSÉE

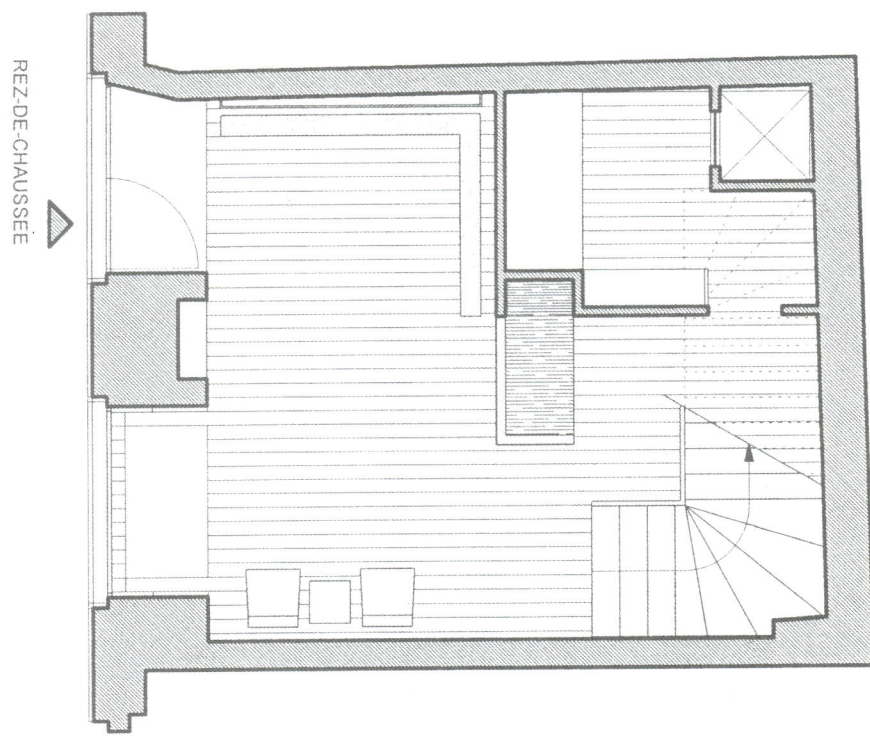

ENTRESOL

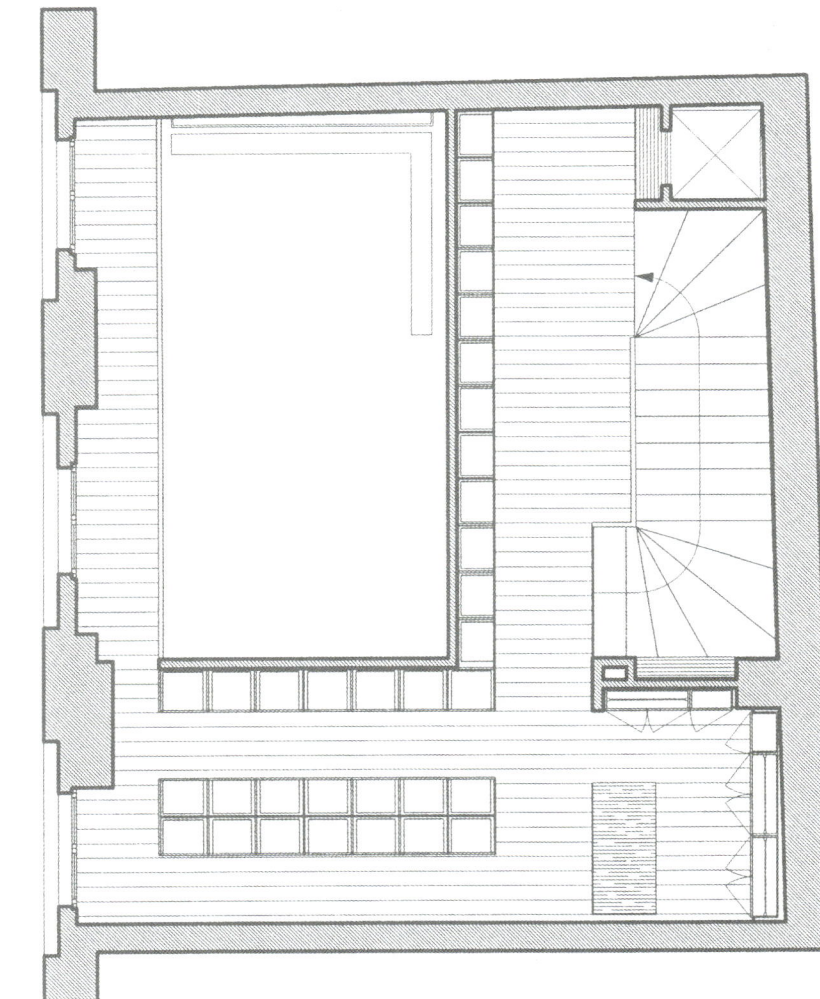

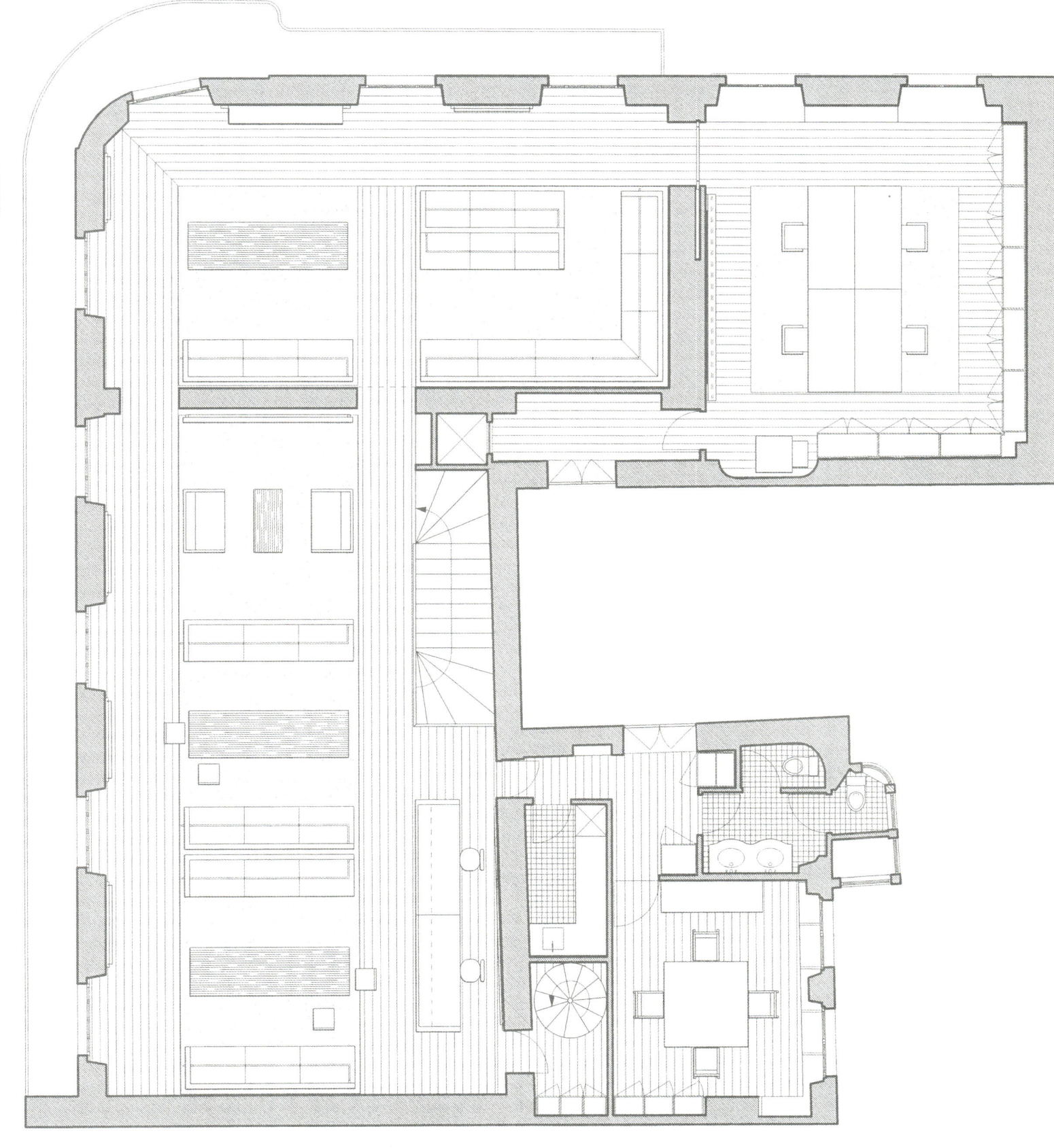

A wide staircase in black concrete provides a comforta-ble link between the three floors.

Un large escalier en béton noir relie confortablement tous les niveaux.

Een brede trap in zwarte beton verbindt op comfortabele wijze de drie niveau's.

The grey-painted wall of the mezzanine underlines the architectural design of this opening.

Le mur de l'entresol peint en gris souligne le concept architectural de l'ouverture.

De muur van de tussenverdieping, grijs geschilderd, onderstreept het architecturale concept van de opening.

The route from the ground floor to the presentation floor is interrupted by the mezzanine, where the dominant decorative feature is a wall of fabric samples.

L'accès, par le rez de chaussée, à l'étage de présentation transite par l'entresol où l'élément décoratif dominant est un mur de tirelles et de carrés de tissu de présentation.

De toegang vanaf het gelijkvloers naar de presentatieverdieping wordt onderbroken door de tussenverdieping, met als decoratief element de dominante muur met de stoffenstalen.

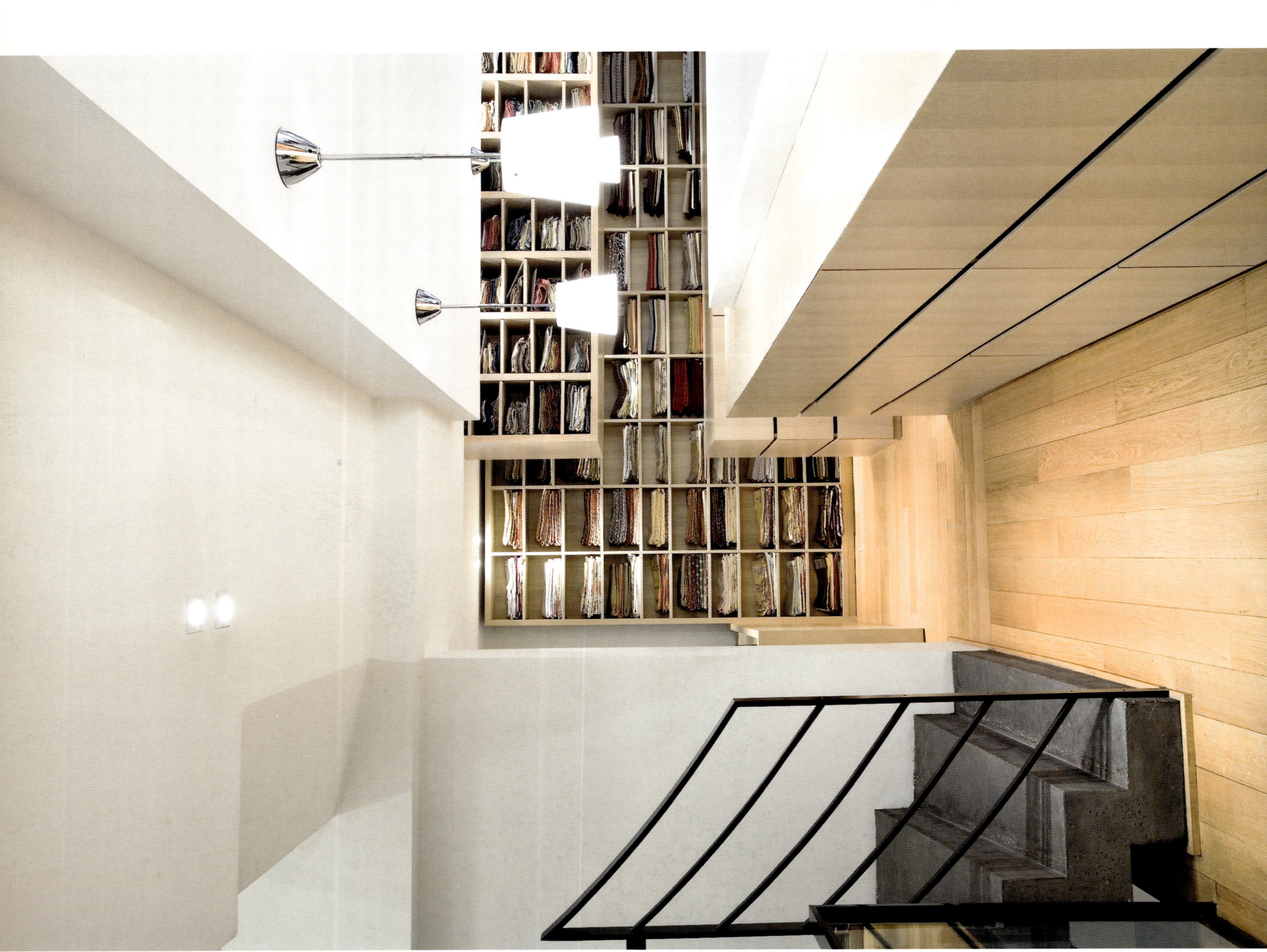

The large pale-oak unit is divided into wide drawers for storage.

Grand meuble en chêne clair composé de larges tiroirs de rangement.

Het grote meubel in bleke eiken is onderverdeeld in brede opberglades.

Double circulation: the display of fabrics on one side and the way through to the presentation area along the other side, where the various collections are displayed in the walnut-wood alcoves.

The large table is an *Olivier Lempereur* design.

Une double circulation présente sur un côté les gigantesques pans de tissu, de l'autre elle mène aux espaces de présentation des collections différemment identifiées par des alcôves en *noyer*.

Grande table signée *Olivier Lempereur*.

Een dubbele circulatie toont aan de ene zijde de gigantische stoffenpanelen, aan de andere kant leidt deze naar de presentatieruimten met de collecties, gedifferentiëerd door de alkoven in notelaar.

De grote tafel is een creatie van *Olivier Lempereur*.

View of the stairs leading up to the first floor, showing the transparent materials used in the sitting area.
Furniture by *Zimmer+Rohde*.

*Vue sur l'arrivée de l'escalier au 1ᵉʳ niveau, transparence des matières du salon.
Mobilier édité par Zimmer+Rohde.*

Zicht op de eerste verdieping aan de trap: transparantie van de materies in het salon.
Meubilair uitgegeven door *Zimmer+Rohde*.

MAISON DE CHOCOLAT PIERRE MARCOLINI

Architecturally, *Olivier Lempereur* has created a space where the materials evoke the natural colour of the cocoa pod and the shape of the cocoa bean, with just a few touches of crystalline white.

Sur le plan architectural, *Olivier Lempereur* a conçu un espace où les matières évoquent la couleur naturelle des cabosses, la forme ogivale des fèves de cacao, avec quelques touches de blanc cristallin.

Op architecturaal vlak creëerde *Olivier Lempereur* hier een ruimte waar de materialen de natuurlijke kleur van de cacaovrucht en de ogivale vorm van de cacaoboon evoceren, met enkele witkristallen toetsen.

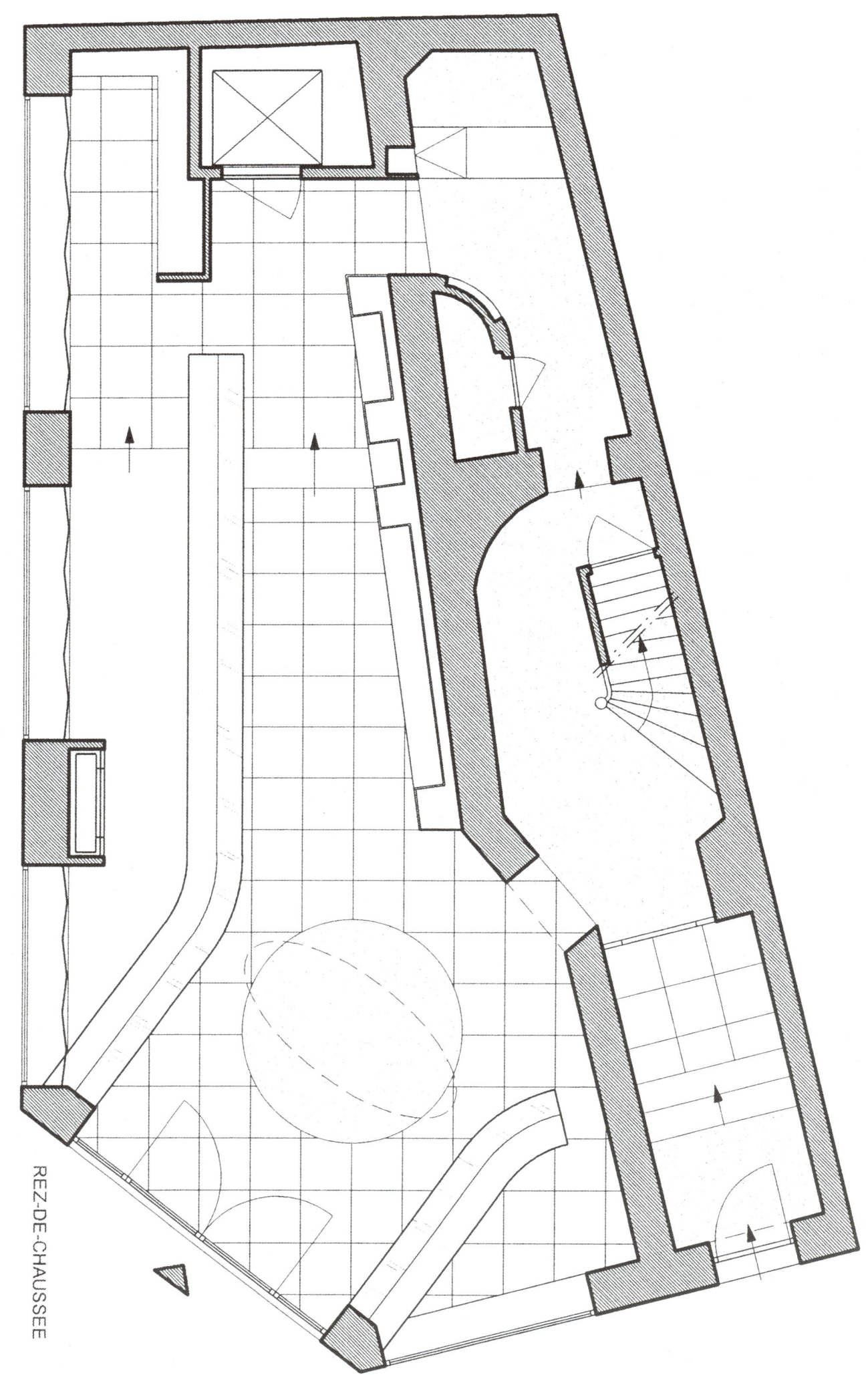

REZ-DE-CHAUSSEE

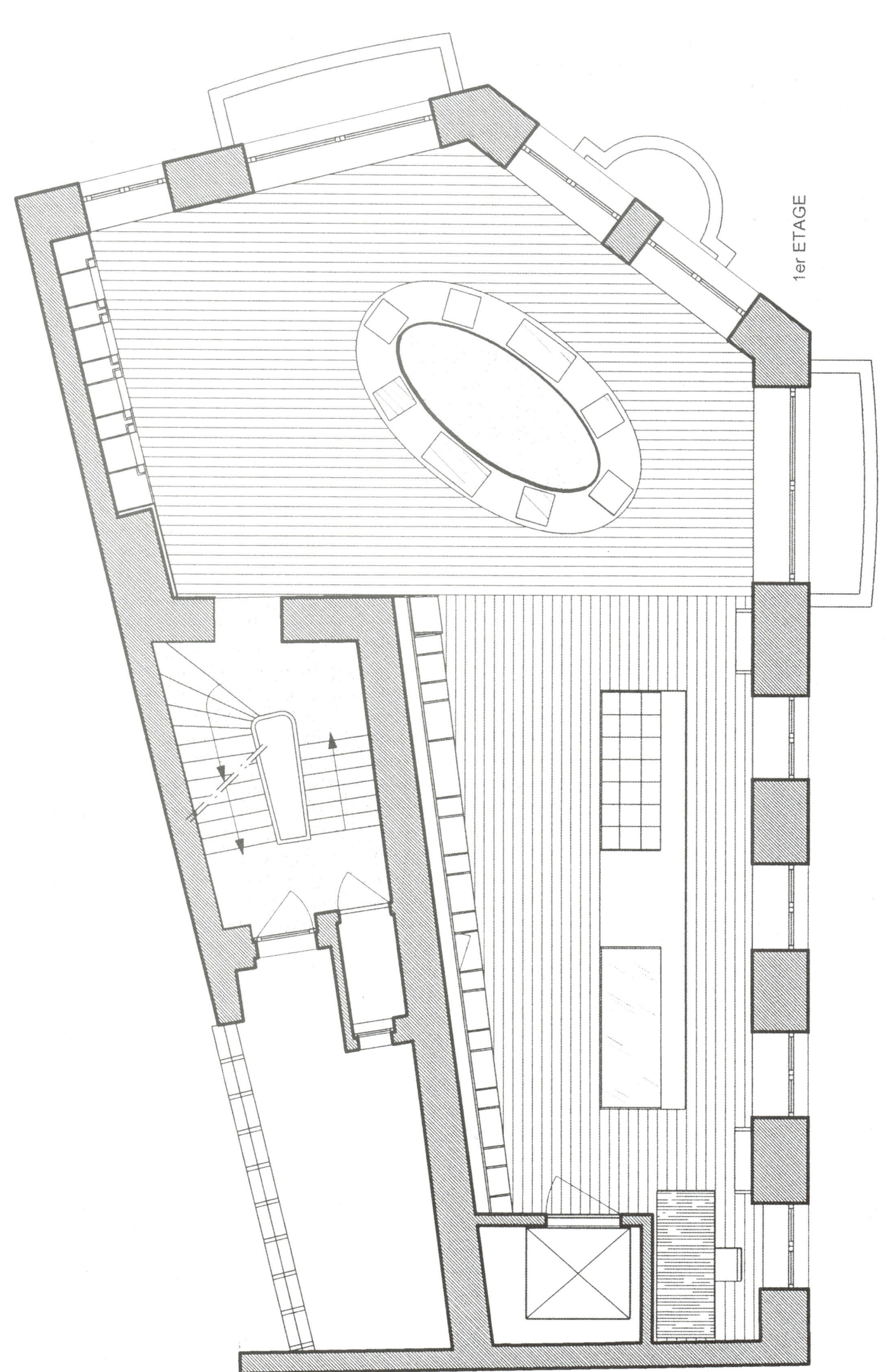

1er ETAGE

View of the ground floor with contrasts of material and light, where the almost raw quality of the wood and the transparency through to the outside show the delicacies to their best advantage.

Vue du rez de chaussée, contraste des matières et de la lumière, le bois presque brut et la transparence vers l'extérieur favorisent l'exposition des gourmandises.

Zicht op de gelijkvloerse verdieping met de contrasten van materie en licht. Het quasi brute hout en de transparantie naar buiten zorgen voor een optimale kijk op de tentoongestelde delicatessen.

The aim was to alter this space radically, whilst at the same time preserving the unique image of the *chocolatier*. The opening through to the first floor is intended to entice the visitor. Everything is white, except for the colour and texture of the wood. An impressive glass chandelier.

L'objectif consistait à intervenir de manière radicale tout en préservant l'esprit maison. Ouverture vers le premier niveau pour attirer le visiteur.

Tout est blanc hormis la teinte et la texture des bois.

Lustre en verre monumental.

De doelstelling was om op radicale wijze in te grijpen in de ruimte, terwijl tegelijkertijd de huisstijl van de chocolatier bewaard bleef. Opening naar de eerste verdieping om de bezoeker te lokken. Alles is wit, behalve de tint en de textuur van het hout. Een monumentale, glazen luchter.

Glass and banana-fibre screens, suspended to harmonise with the display cases and soften the light from outside.

Paravents de verre et fibre de banane, l'ensemble est suspendu et fixe, venant rythmer les vitrines de présentation et adoucir la lumière extérieur.

Schermen in glas en bananenvezel, opgehangen en vastgemaakt, in harmonie met de presentatievitrines én om het buitenlicht te dempen.

The more private upstairs area, with warm shades of tinted oak on the floor and a chandelier designed by *Olivier Lempereur*. The large oval table is open in the centre and forms a natural railing, visually linking this space with the ground floor.

Espace plus confidentiel, réchauffé par un parquet de chêne teinte, lustre dessine par *Olivier Lempereur*. Grande table ovale ouverte au centre, faisant office de garde-corps naturel dont l'objectif est de communiquer visuellement avec le rez de chaussée.

De meer privatieve bovenverdieping, met warme vloertinten in getinte eiken en een luchter getekend door *Olivier Lempereur*. De grote ovalen tafel is open naar het midden: een natuurlijke borstwering die deze ruimte visueel met het gelijkvloers verbindt.

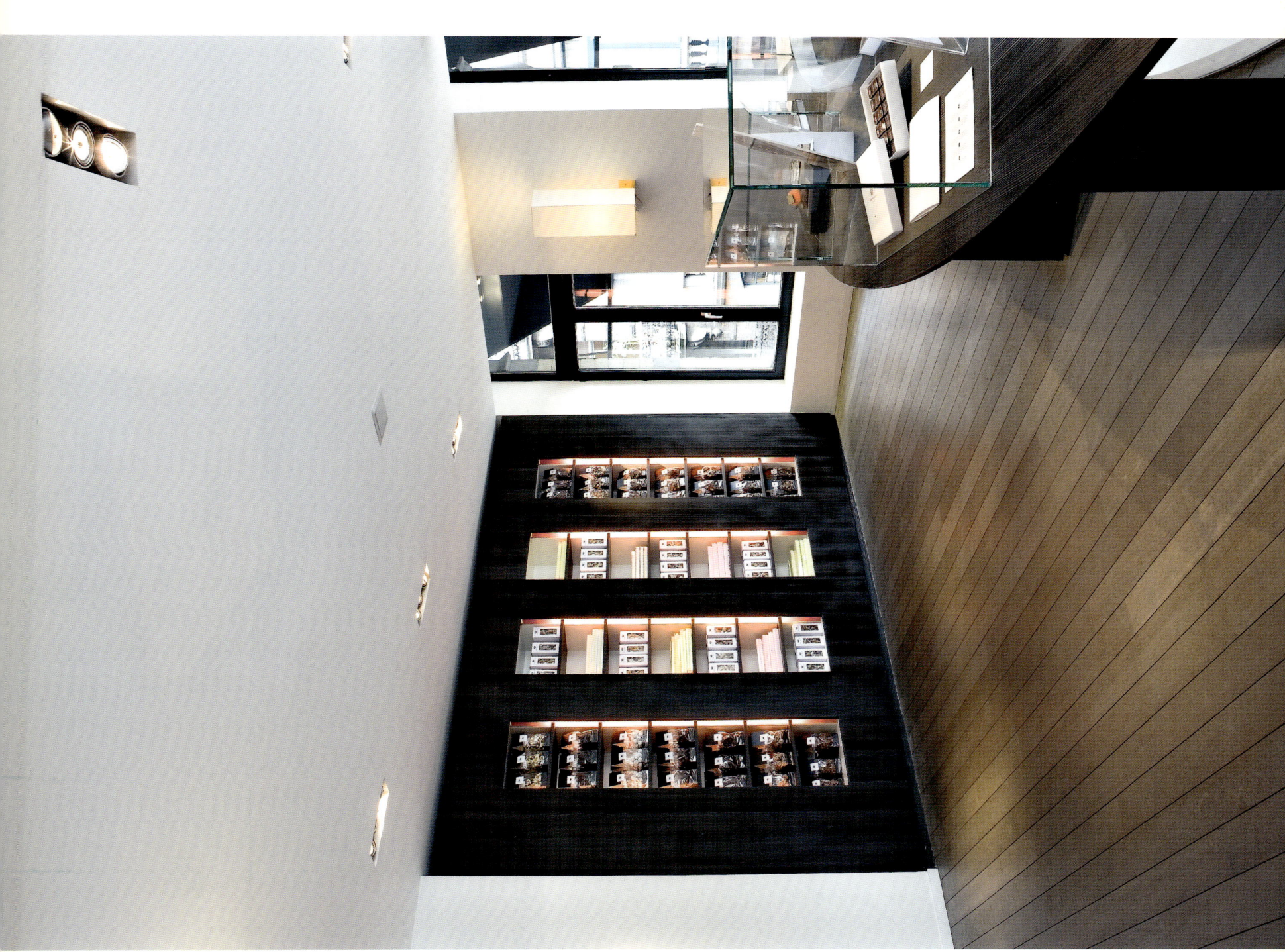

A display of chocolate, specially made in dark-tinted wood and glass to a design by the architect, inspired by the work of *Charlotte Perriand*.

Une bibliothèque de chocolat a été réalisée sur mesure en bois foncé et verre d'après les croquis de l'architecte, inspirée du travail de Charlotte Perriand.

Een bibliotheek van chocolade, op maat gemaakt in donkergetint hout en glas volgens de tekening van de architect, geïnspireerd op het oeuvre van *Charlotte Perriand*.

DIET CAFE

This kitchen workshop was created on the ground floor of a building with a courtyard in the Marais, one of the oldest neighbourhoods in Paris.

Dans le Marais, un des plus anciens quartiers de Paris, au rez-de-chaussée d'un immeuble sur cour dont profite cet atelier de cuisine.

In de Marais, één van de oudste buurten van Parijs, werd op de gelijkvloerse verdieping van een gebouw annex binnenplaats dit keukenatelier gecreëerd.

Complete symmetry in this room: a large, convivial table has been placed centrally and is dedicated to the pleasures of dégustation. Every recess, every storage space has been designed with care, with functionality and aesthetics in mind.

Le lieu joue avec une symétrie totale, grande table centrale et conviviale dédiée au plaisir de la dégustation. Chaque niche, chaque rangement répond à une réflexion esthétique et fonctionnelle.

Deze ruimte speelt met een totale symmetrie: een grote, centraal geplaatste conviviale tafel is gewijd aan het degustatieplezier. Elke nis, elke bergruimte is grondig bestudeerd vanuit esthetisch en functioneel oogpunt.

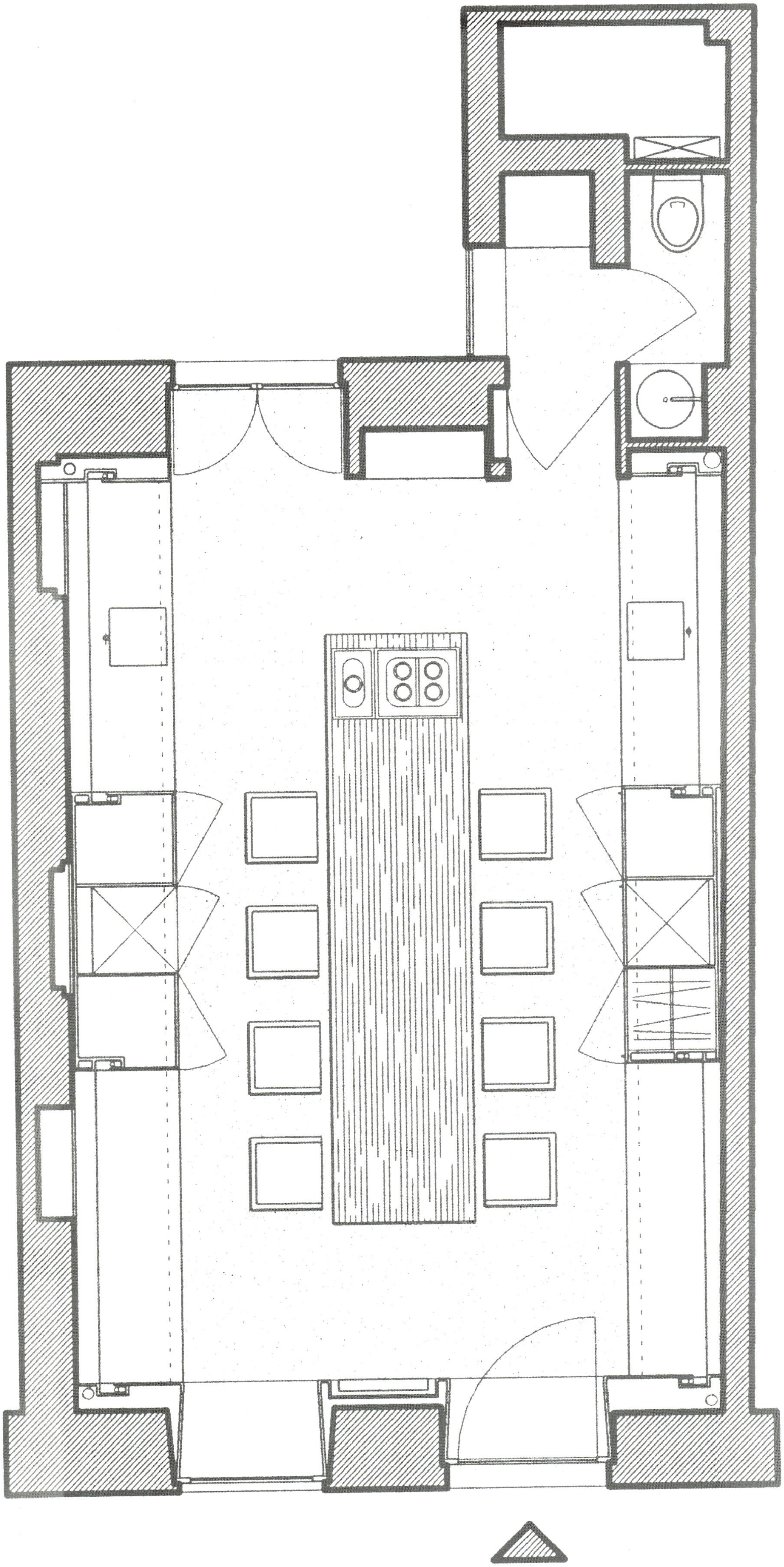

This room is bathed in light from every direction.

Espace baigné de lumière venant de toute part.

De ruimte baadt in het omnipresente licht.

The large preparation surface in grey Pietra Serena natural stone.

Grande tablette de préparation en Pietra Serena pierre naturelle grise.

De grote bereidingstafel in grijze Pietra Serena natuursteen.

A very symmetrical and streamlined design. Everything appears to reflect around the dark wooden table.

Concept très symétrique et pur, tout semble se refléter autour de la table en bois de bouts foncé.

Een uiterst symmetrisch en zuiver concept. Alles lijkt te weerspiegelen rond de tafel in donkergetint eindhout.

The brightness of the room is reinforced by the interplay of natural and artificial light, reflected in the matt white shades of the panels.
The grey floor is made of polyurethane.

Le travail de la lumière naturelle et artificielle à la réflexion accentuée par le blanc mat des panneautages favorise la clarté du lieu.
Le sol gris est en polyurethane.

De helderheid van de ruimte wordt versterkt door de wisselwerking van natuurlijk en kunstlicht, gereflecteerd in de matwitte tinten van de panelen.
De grijze vloer is uitgevoerd in polyurethaan.

OFFICE OL

This building was designed by architect *Jean-Marie Gillet* and divided to form four perfectly symmetrical floors, situated around a straight staircase that is central in some places and off-centre in others. For *Olivier Lempereur*, the project consisted of preserving the spirit of the monochrome grey concrete of the floor in his architectural design studio.

Dans un immeuble construit par l'architecte *Jean-Marie Gillet*, quatre niveaux parfaitement symétriques s'articulent autour d'un escalier droit tantôt centré ou décalé. Le projet ici consistait à conserver l'esprit monochrome du béton gris au sol, espace de création et de réflexion du bureau d'étude d'architecture.

Dit gebouw werd ontworpen door architect *Jean-Marie Gillet* en onderverdeeld in vier perfect symmetrische verdiepingen, gesitueerd rond een rechte trap die op sommige plaatsen gecentreerd, op andere gedecentreerd is. Het project van *Olivier Lempereur* bestond erin om de geest van het monochrome grijze beton te behouden op de vloer van zijn tekenruimte en studiebureau.

REZ-DE-CHAUSSEE

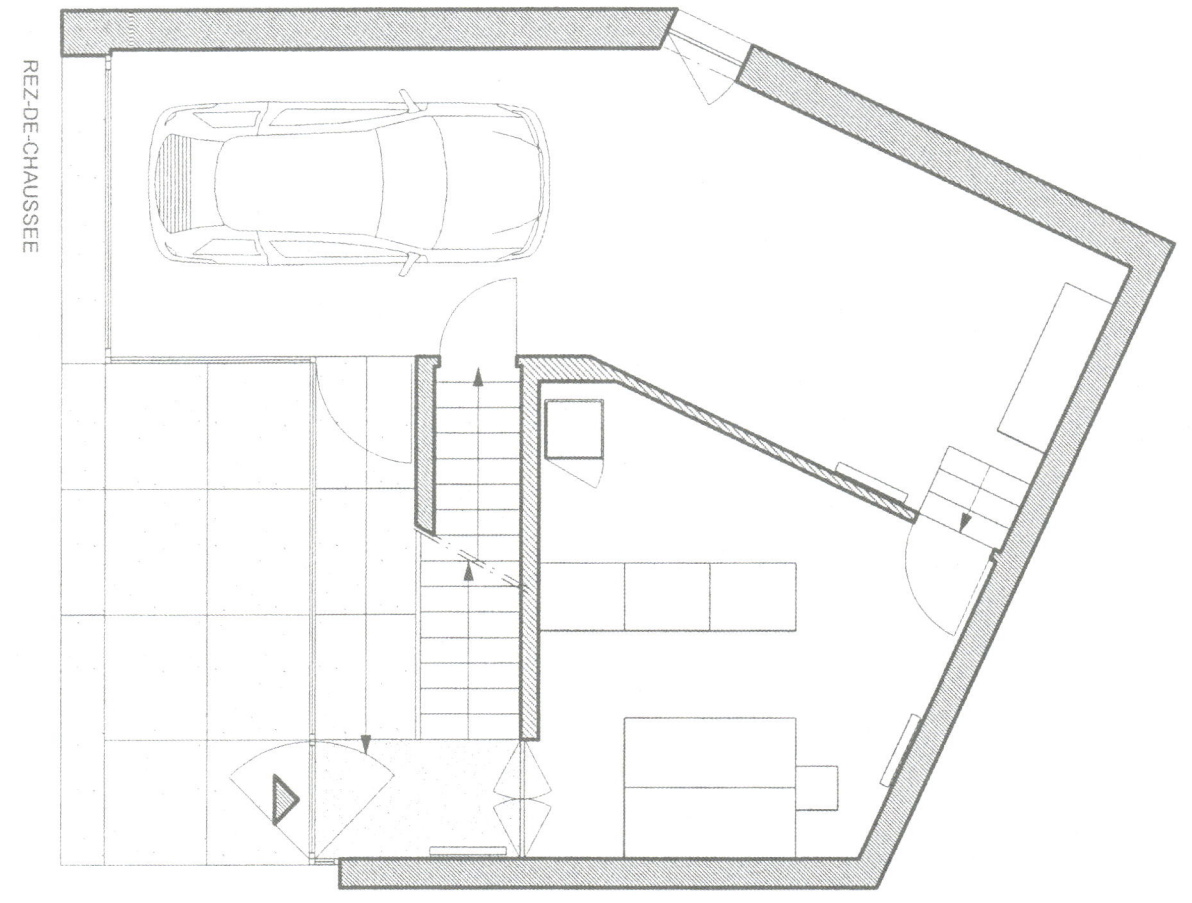

1er ETAGE

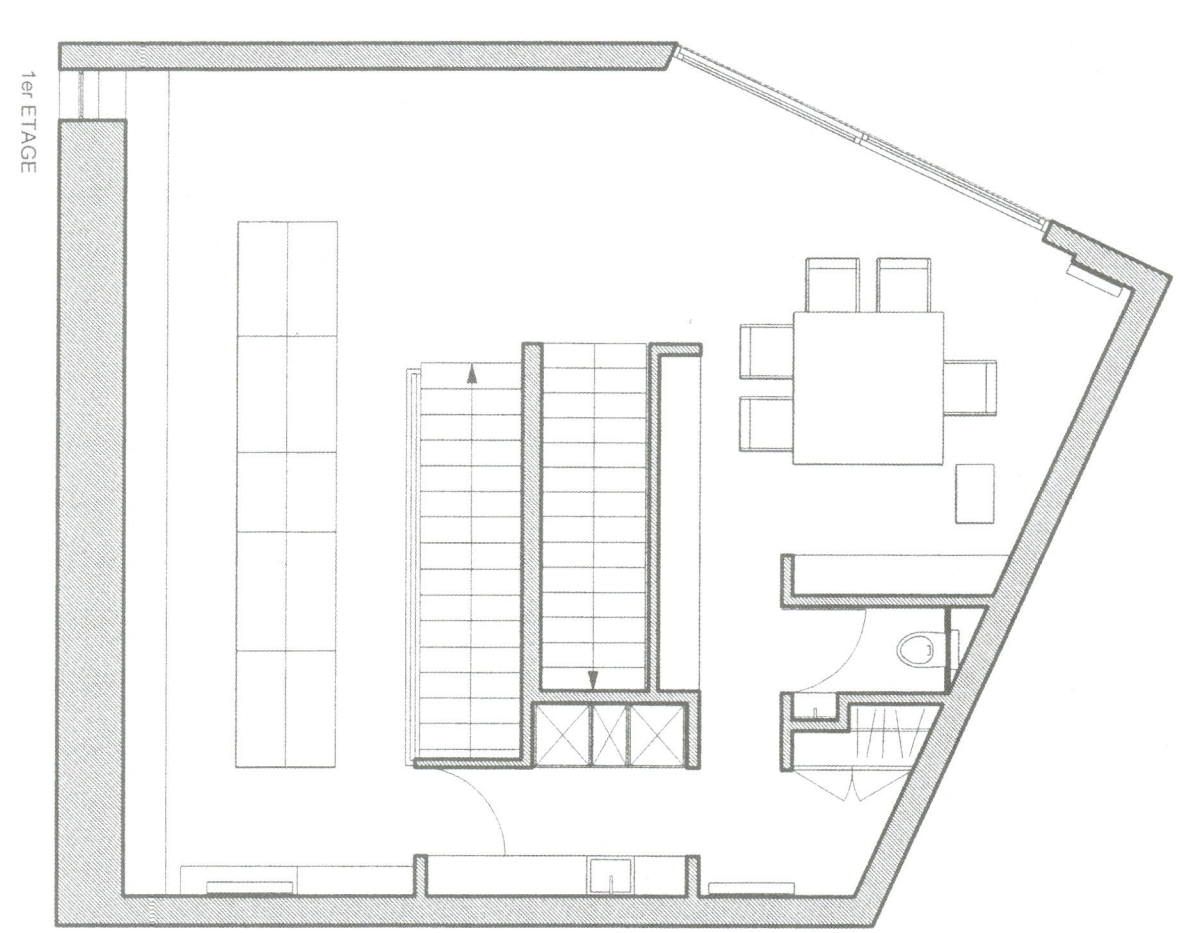

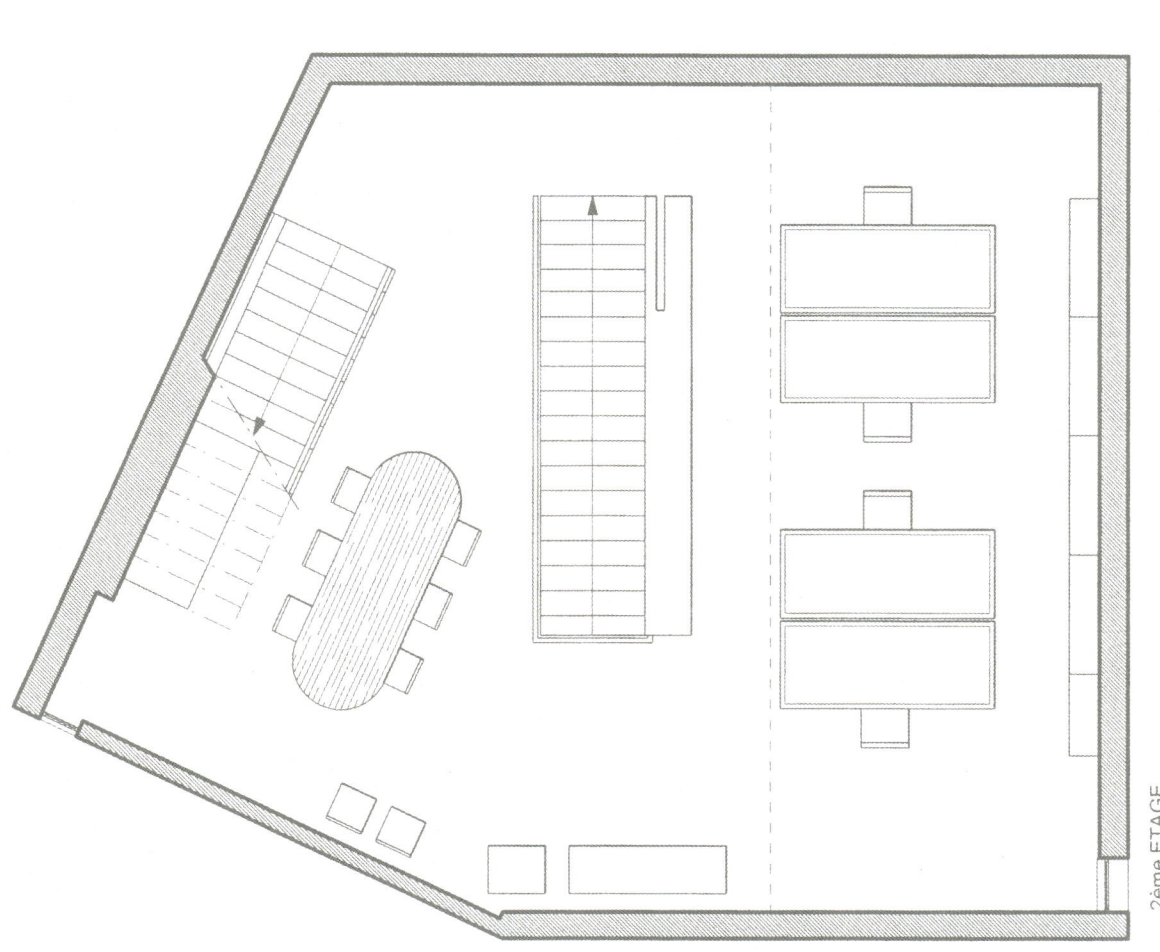

3ème ETAGE

2ème ETAGE

A view of the ground floor with the raw concrete staircase.

Vue au rez-de-chaussée de l'escalier en béton brut.

Zicht op de gelijkvloerse verdieping met de trap in ruwe beton.

The horizontal and vertical lines are accentuated by the colours: grey, white and black.

Les lignes horizontales et verticales sont accentuées par la couleur : gris, blanc, noir.

De horizontale en verticale lijnen worden geaccentueerd door de kleuren: grijs, wit en zwart.

The large central table is made of zinc: a space devoted to design and the selection of materials.
A view of the large tables in the studio.

Grande table centrale en zinc, espace réservé au style et aux matériaux.
Vue sur les grandes tables du bureau d'études.

De grote centrale tafel is uitgevoerd in zink: een ruimte voorbehouden aan de vormgeving en de materialenkeuze.
Zicht op de grote tafels van het studiebureau.

Acoustic panels create the visual identity here; four chairs designed by *Robert Mallet Stevens*.

The black of the wall in the background accentuates the design of the concrete stairs.

Des panneaux acoustiques comme support d'identité visuel, rééditions de quatre chaises dessinées par Robert Mallet Stevens.

La teinte noire du mur du fond accentue le dessin des marches en béton.

Akoestische panelen als drager van de visuele identiteit; vier stoelen ontworpen door *Robert Mallet Stevens*.

De zwarte tint van de muur op de achtergrond markeert de tekening van de betonnen traptredes.

A view of the top floor. For his office, *Olivier Lempereur* selected furniture in light-tinted oak, combined with a pair of black carpets. The two upper floors are full of natural light, which is accentuated by the large, white-painted walls.

Vue du dernier niveau. Olivier Lempereur signe pour son bureau du mobilier en chêne clair mis en valeur par un double tapis noir. La lumière zénithale naturelle inonde les deux derniers étages, source de clarté accentuée par de grands murs peints en blanc.

Zicht op de bovenverdieping. *Olivier Lempereur* koos voor zijn bureau meubilair in lichtgetint eikenhout, gecombineerd met een dubbel zwart tapijt. Beide bovenste niveau's baden in het daglicht, geaccentueerd door de grote, witgeschilderde muren.

architecte décorateur

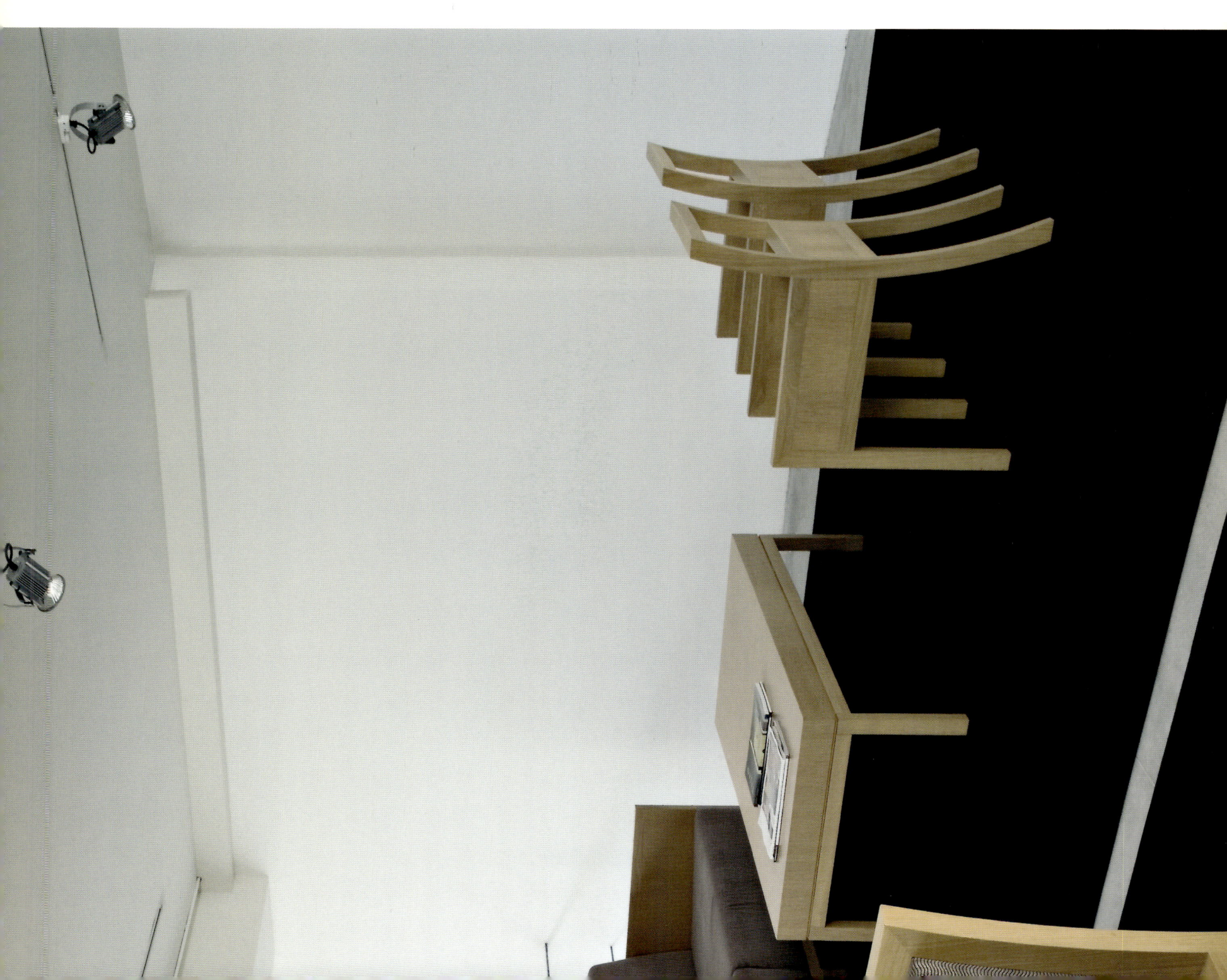

PRIVATE HOMES

RESIDENCES PRIVEES

PRIVE-WONINGEN

RASPAIL APARTMENT

A roof apartment opposite the *Fondation Cartier* in Paris. *Olivier Lempereur* was asked by a couple of art lovers to create a comfortable, contemporary space.

Un appartement sous les toits face à la *Fondation Cartier* à Paris. *Olivier Lempereur* est missionné par un couple d'esthètes pour créer un espace contemporain et confortable.

Een dakappartement tegenover de *Fondation Cartier* te Parijs. *Olivier Lempereur* kreeg hier de opdracht van een paar estheten om een comfortabele, hedendaagse ruimte te creëren.

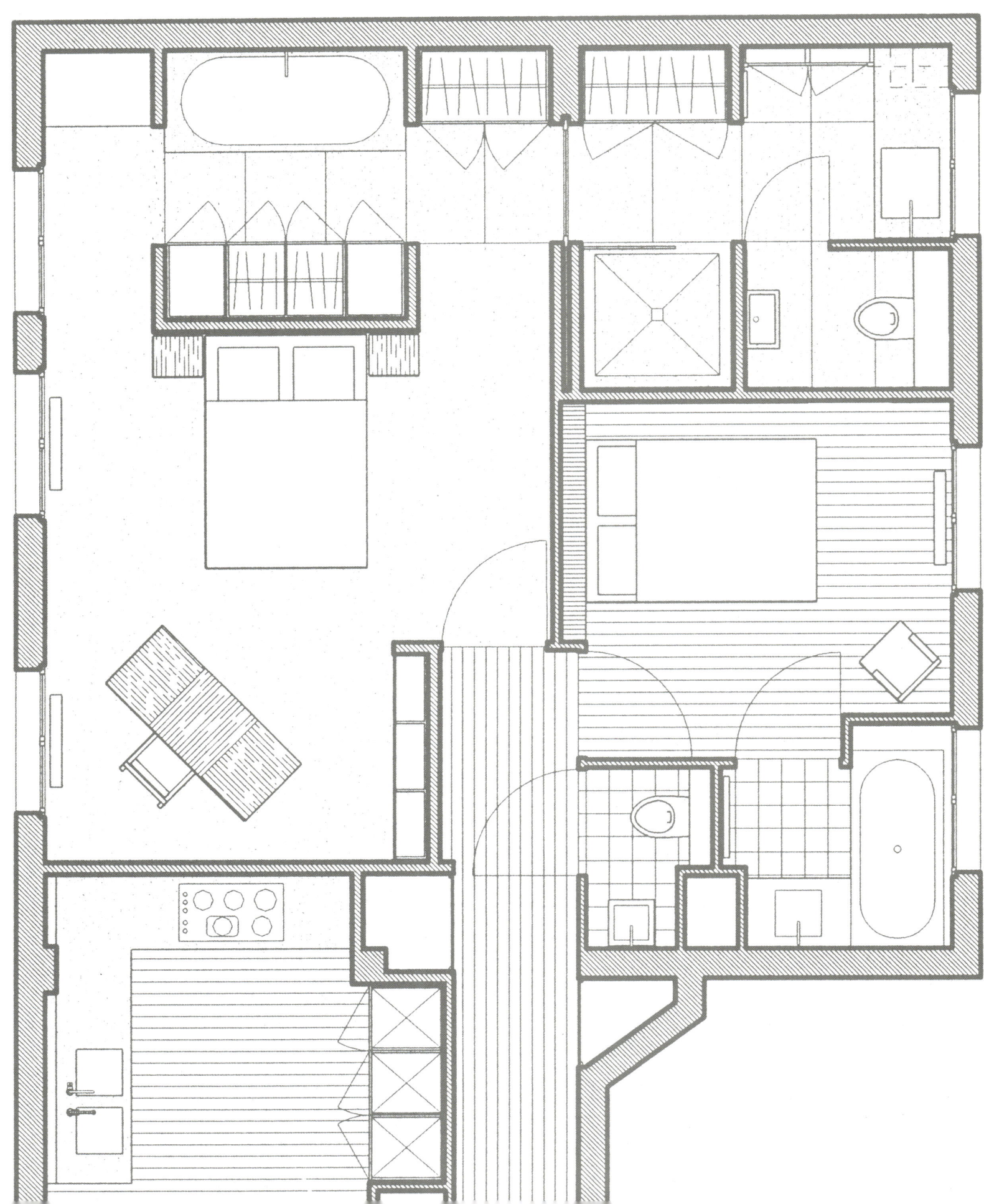

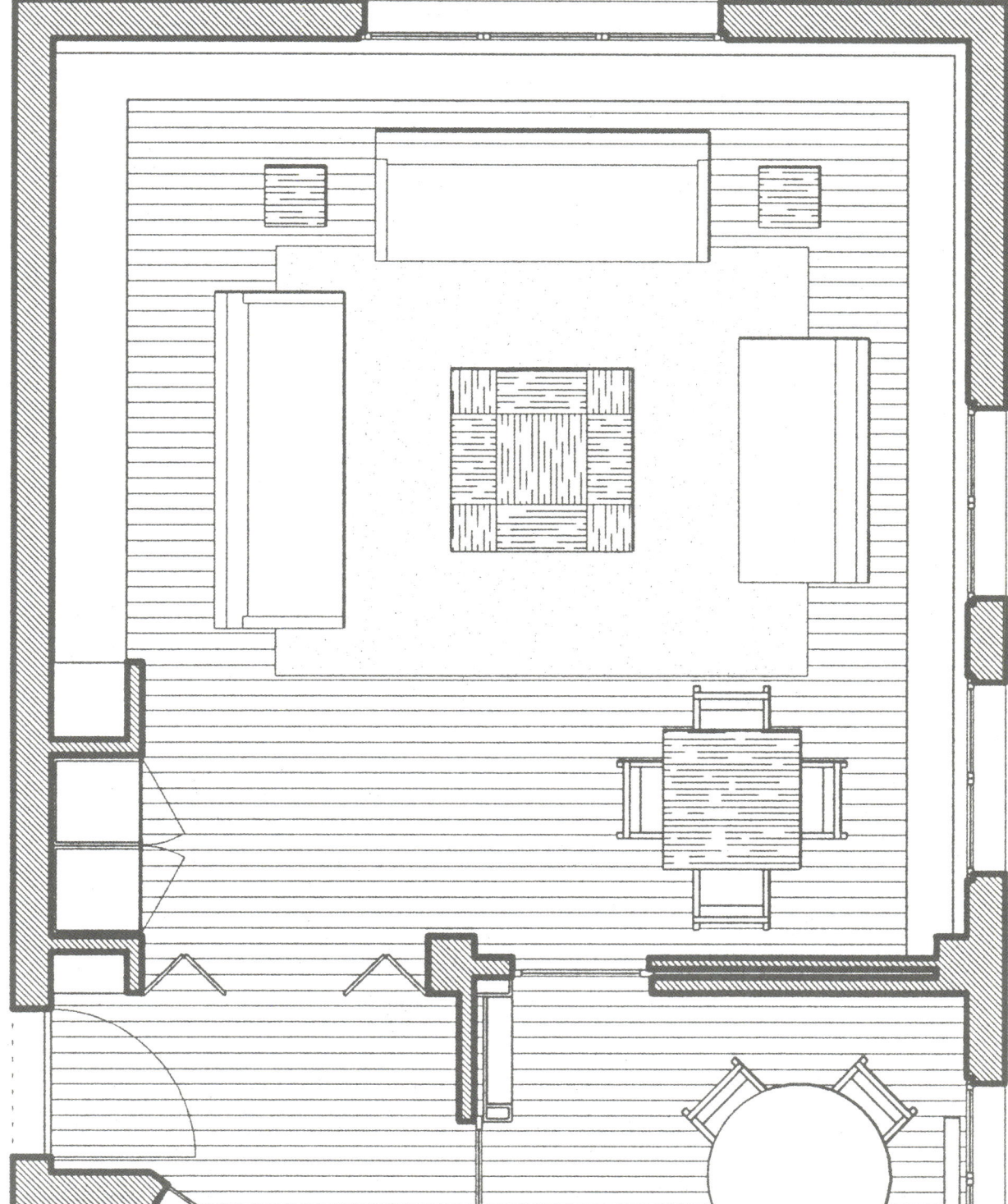

The kitchen divides the apartment in two: on the one side is the reception space; on the other side is a private area designed as a hotel suite.

La cuisine scinde la distribution de l'appartement en deux : la partie réception d'un côté, de l'autre l'espace privé imaginé dans l'esprit d'une suite d'hôtel.

De keuken deelt het appartement in twee: aan de ene zijde de receptieruimte, aan de andere zijde een privatieve ruimte geconcipiëerd als een hotelsuite.

The sitting room is separated from the kitchen by a sliding door in sandblasted glass, which has been integrated into the tinted wooden panelling.

Le salon est séparé de la cuisine par une porte coulissante en verre sablé, intégrée dans un panneautage de bois teinté.

Het salon is van de keuken gescheiden door een schuifdeur in gezandstraald glas, geïntegreerd in getinte houten panelen.

Contrast between an old plan of Paris and the white *Bulthaup* kitchen.

Contraste d'un vieux plan de Paris et de la cuisine blanche *Bulthaup*.

Contrast tussen een oud plan van Parijs en de witte *Bulthaup* keuken.

A view from the kitchen. The two sliding doors open separately to the sitting room and the entrance hall.

Vue depuis la cuisine, les deux portes coulissantes s'ouvrent individuellement vers le salon et l'entrée.

Een zicht vanuit de keuken. De twee schuifdeuren openen afzonderlijk naar het salon en de inkomhal.

The monumental head of this bed accommodates a wardrobe that is accessible from both sides. Art by *Isabelle de Borchgrave.*

Tête de lit monumentale abritant un dressing doublement accessible, tableau signé Isabelle de Borchgrave.

Een monumentaal beddehoofd biedt plaats voor een dressing die aan weerszijden toegankelijk is. Een kunstwerk gesigneerd Isabelle de Borchgrave.

This desk was designed by *Philippe Hurel.*

Vue sur le bureau dessiné par Philippe Hurel.

Het bureau werd ontworpen door *Philippe Hurel.*

Subtle nuances created by the different finishes of the bluestone in the bathroom.

Dans la salle de bains, les différents traitements de la pierre bleue donnent naissance à des nuances subtiles.

Subtiele nuances door de verschillende oppervlaktebewerkingen van de blauwe hardsteen in de badkamer.

A concealed sliding glass door separates bathroom and shower.

Une paroi de verre coulissante dissimulée, séparation entre le bain et la douche.

Een verborgen glazen schuifdeur scheidt bad- en doucheruimte.

Above the stone washbasin is a mirror that can be concealed, which reflects the vertical lines of the architecture into infinity.

Au-dessus de la vasque en pierre, un miroir mural escamotable reflète à l'infini les verticales architecturales.

Boven de stenen wastafel een spiegel die verborgen kan worden en die de verticaliteit tot in het oneindige weerspiegelt.

The spacious shower in bush-hammered bluestone.

Spacieuse douche en pierre bleue bouchardée.

De ruime douche in gebouchardeerde blauwe hardsteen.

BOIS DE VINCENNES HOUSE

Een eind negentiende-eeuwse woning werd door de architect getransformeerd en aangepast aan de hedendaagse leefwereld van een gezin bestaande uit vier personen.

L'architecte a transformé et adapté une maison fin XIXème à la vie contemporaine d'une famille de quatre personnes.

This late-nineteenth-century house was transformed by the architect and adapted to suit the modern lifestyle of a family of four.

REZ-DE-CHAUSSEE

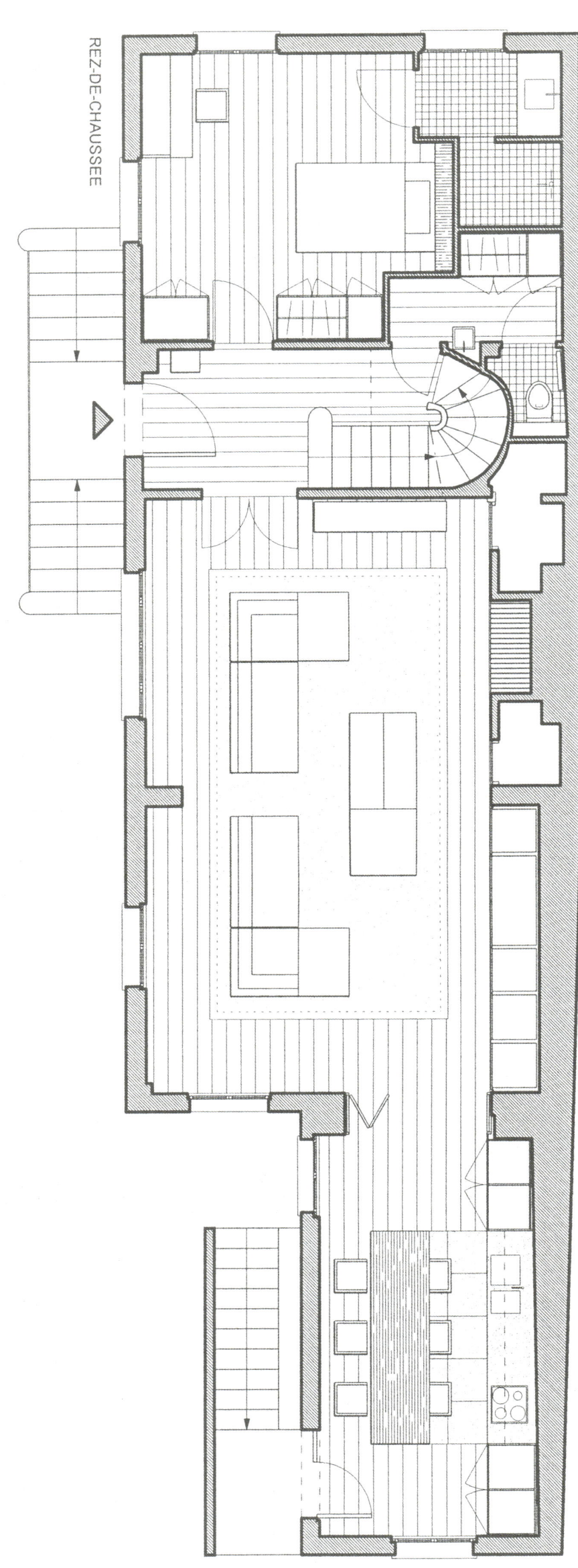

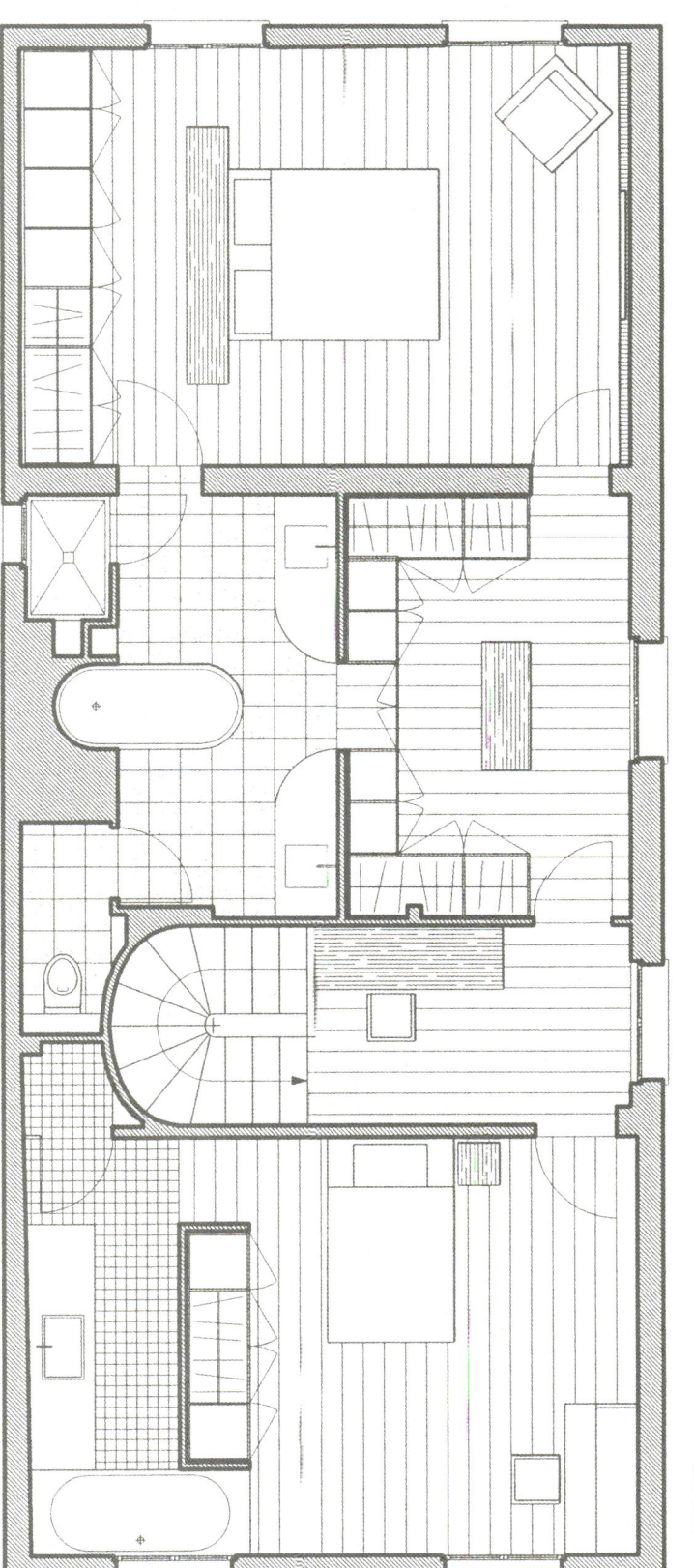

1er ETAGE

View from the sitting room into the kitchen. The combination of lacquer and wood panels creates a feeling of brightness and gives the room structure. Specially designed sofas by *Olivier Lempereur*. Individual furniture from the 1930s.

Vue du salon vers la cuisine, l'alternance des panneautages en laque et en bois naturel joue la clarté et structure l'espace sans cloison. Canapés sur mesure dessiné par *Olivier Lempereur* et mobilier personnel des années trente.

Zicht vanuit het salon naar de keuken. De wisselwerking van de panelen in lak en natuurlijk hout creëert helderheid en structureert de ruimte zonder wanden. Canapés op maat, ontworpen door *Olivier Lempereur*. Persoonlijk meubilair uit de jaren 1930.

The grey concrete fireplace provides a contemporary touch.

Touche contemporaine par le traitement de la cheminée en béton gris.

Een hedendaagse toets door de behandeling van de haardwand in grijze beton.

Contrast between the classic structure at the rear of the house and the contemporary ceiling-height panels.

Le contraste entre la structure classique de la maison côté jardin et les panneautages contemporains toute hauteur.

Contrast van de klassieke structuur van deze woning aan de tuinzijde en de hedendaagse, wandhoge panelen.

The preparation unit in the kitchen is topped with coffee-coloured natural stone. The dark-tinted oak table is supported by a central pillar fixed into the floor.

Vue sur la cuisine. L'îlot préparation est traité en pierre de café. La table en bois de chêne foncé est posée sur une lame centrale scellée dans le sol.

Het bereidingseiland in de keuken is bekleed met een koffiekleurige natuursteen. De tafel in donkergetinte eiken is geplaatst op een centrale, in de grond verankerde pijler.

Spatial symmetry in the bathroom, clad in grey mosaic.

Symétrie des volumes dans la salle de bains en mosaïque grise.

Symmetrie van de volumes in de badkamer bekleed met grijze mozaïek.

A visual separation in the bedroom: the head of the bed in dark-tinted wood contrasts with the wardrobe doors with their lacquered finish.

Dans la chambre la tête de lit en bois de chêne foncé se détache de la cloison séparatrice du dressing traitée en laque.

Visuele scheiding in de slaapkamer tussen het hoofdeinde in donkergetint hout en de scheidingswand van de dressing, behandeld met lak.

Geometric lines in the teenagers' bathroom.

Géométrie marquée de la douche de deux salles de bains d'adolescents.

Geometrische lijnen in de badkamer van de adolescenten.

ETOILE PENTHOUSE

Olivier Lempereur transformed the entire top floor of this Haussmann-style building.

The great strength of this project lies in his use of the natural light that is present throughout the property, accentuated by the two skylights in the roof.

The most important decorative element is the view: the Eiffel Tower, the *Grand Palais* and the 360° panorama of Parisian roofs all combine to create a permanent spectacle.

Olivier Lempereur transformed the terrace of this apartment into an oasis of calm, a simply designed "green sitting room". The same aesthetic is found in the interior, which is characterised by minimalist luxury enhanced with subtle Asian touches.

The architecte décorateur designed the unique pieces of furniture for this Paris *pied-à-terre*.

Olivier Lempereur a transformé entièrement le dernier étage d'un immeuble haussmannien.

La grande force de ce projet réside dans l'utilisation de la lumière naturelle traversante, accentuée par l'ouverture de deux puits de lumière en toiture.

Le principal élément décoratif est la vue : la Tour Eiffel, le Grand Palais, et les toits de Paris à 360° offrent un spectacle permanent.

De la terrasse de ce penthouse, *Olivier Lempereur* en fait un havre de paix, une sorte de salon vert, épuré. Cette esthétique se retrouve dans les pièces intérieures, qui se caractérisent par un luxe minimal rehaussé par une délicate touche asiatique.

L'architecte décorateur dessine pour ce pied-à-terre des pièces uniques de mobilier.

Olivier Lempereur transformeerde de volledige bovenste verdieping van een gebouw in Haussmanniaanse stijl.

De grote sterkte van dit project schuilt in het gebruik van het overal aanwezige natuurlijke licht, geaccentueerd door de twee lichtopeningen in het dak.

Het belangrijkste decoratief element vormt het zicht: de Eiffeltoren, het *Grand Palais*, de daken van Parijs in 360° ... zorgen voor een permanent spektakel.

Het terras van dit penthouse werd door *Olivier Lempereur* omgetoverd tot een oase van rust, een puur vormgegeven "groen salon".

Deze esthetiek vindt men ook in het interieur, gekenmerkt door de minimale luxe die baadt in subtiele Aziatische toetsen.

De architect decorateur tekende voor deze Parijse *pied-à-terre* de unieke meubelstukken.

There is no defined circulation route here, with natural passages leading from one space to the next through the force of attraction exerted by the almost identical volumes, which closely reflect one another. The completely concealed doors serve to separate the various living spaces.

Between the bathroom and the bedroom is a three-metre-high automatic door.

Aucune circulation marquée, le passage naturel d'une pièce à l'autre par l'attirance des volumes quasi identiques se répondant les uns aux autres. Les portes entièrement dissimulées coulissent pour séparer les différentes pièces.

Entre la salle de bains et la chambre une cloison mobile automatisée de trois mètres.

Geen enkele gemarkeerde circulatie, met natuurlijke passages van de ene ruimte naar de andere door de aantrekkingskracht van de quasi identieke volumes die elkaar weerspiegelen. De volledig verborgen deuren scheiden de verschillende leefruimten.

Tussen de badkamer en de slaapkamer een mobiele, geautomatiseerde wand van drie meter hoog.

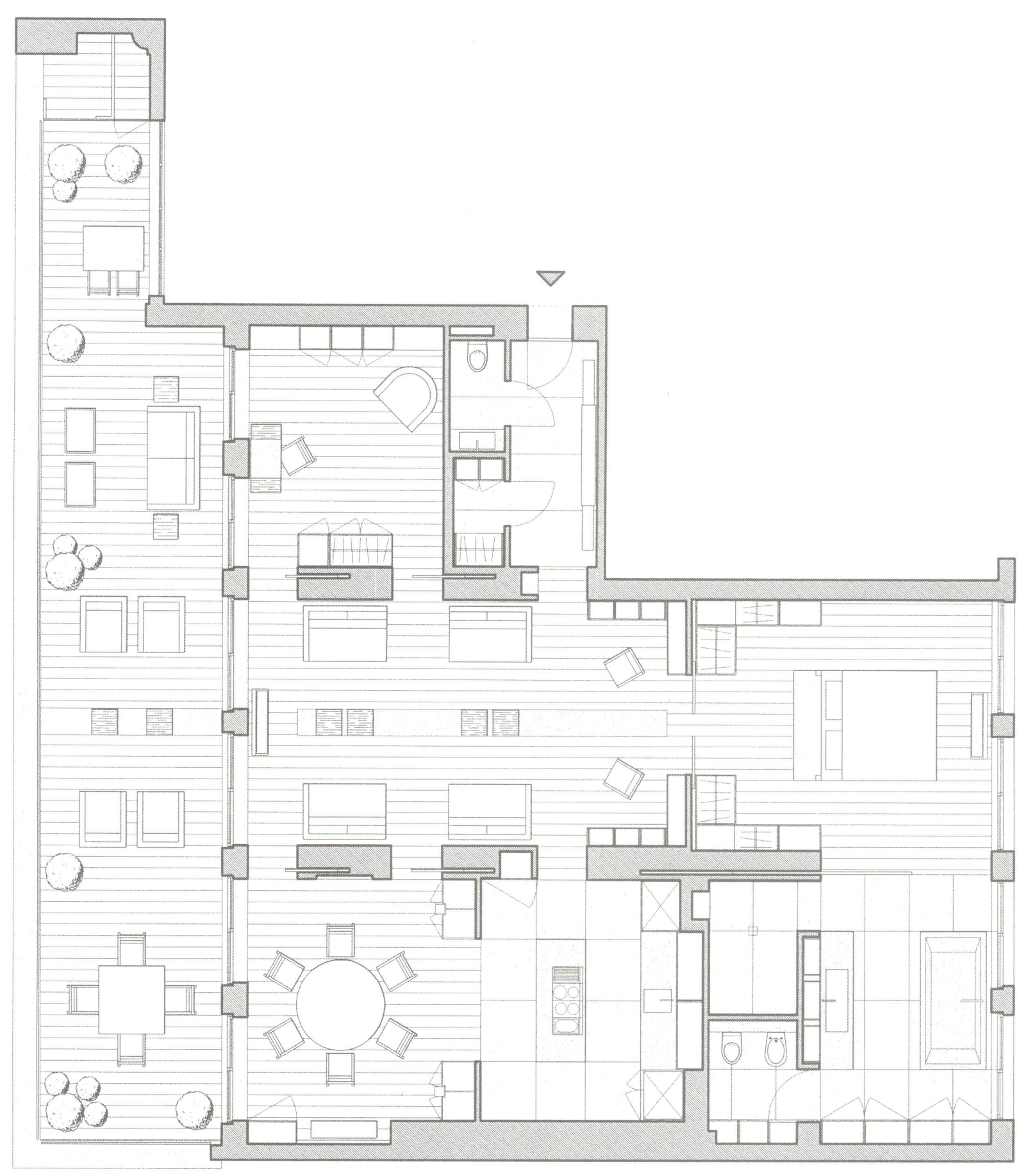

A view of the transformed wall onto the terrace. Wide teakwood planks harmonise with the light-tinted wooden floor of the apartment. The barrier of completely see-through extra-white glass with no fittings draws the gaze into the distance.

Vue sur la façade transformée de la terrasse. Les larges planches de teck forment la continuité du plancher de chêne clair de l'appartement. Le garde-corps en verre extra blanc, totalement transparent absent de toute serrurerie conduit le regard hors de toutes limites.

Zicht op de getransformeerde gevel van het terras. Brede planken in teakhout harmoniëren met de bleekgetinte eiken plankenvloer in het appartement. De borstwering in extra wit, volledig doorzichtig glas zonder enig beslag leidt het zicht tot in de verte.

The entrance hall sets the tone: dark, sandblasted wood panels contrast with platinum leaf. Red enamelled lavastone and black patinated steel on the tall console.

L'entrée donne le ton : lambris de bois sablé foncé en opposition à la feuille d'or platine. Lave émaillée rouge et acier patiné noir pour la console haute.

De inkomhal zet de toon: lambriseringen in donker gezandstraald hout in tegenstelling tot het platina goudblad. Rood geëmailleerde lavasteen en zwart gepatineerd staal voor de hoge console.

Details of the materials: wall lights in pure white alabaster. The whole design has been considered with care, technically optimised and specially designed by the architect and interior designer.

Détail des matières, luminaires d'albâtre blanc pur, l'ensemble est étudié, mis au point techniquement et dessiné sur mesure par l'architecte décorateur.

Details van de materialen: lichtpunten in zuiver wit albast. Het geheel werd bestudeerd, technisch op punt gesteld en op maat getekend door de architect decorateur.

A view of the office. The meticulously designed door handles and bases of the furniture are in perfect harmony with the bleached oak parquet and the furniture in dark sandblasted wood.

Vue du bureau, poignées des portes et plinthes réalisées en serrurerie ajustée au millimètre soulignent le mariage entre le parquet en chêne délavé et les meubles foncés en bois sablé.

Zicht op het bureau. De deurkrukken en plinten zijn uitgevoerd in beslag dat tot op de millimeter werd uitgetekend; in perfecte harmonie met de eikenhouten, gebleekte parket en het meubilair in donker gezandstraald hout.

Pictures and sound are of prime importance to the owner of this penthouse; this is reflected by the symmetrical positioning and design of the sofas, accentuated by the stainless-steel base fixed into the floor. The large, illuminated sliding doors are concealed during the daytime, but they light up the room in the evening.

Adapté au mode de vie de son propriétaire pour qui le son et l'image sont primordiaux, la symétrie des fauteuils en regard d'une lame d'inox incrustée dans le sol. Les grandes portes coulissantes lumineuses dissimulées dans les cloisons la journée, s'éclairent dans leur épaisseur et balisent l'espace à l'aube du crépuscule.

Geluid en beeld zijn van primordiaal belang voor de eigenaar van dit penthouse. Vandaar de symmetrie van de zitbanken gemarkeerd door roestvrij stalen plinten die in de vloer werden verankerd. De grote, lichtgevende schuifdeuren zijn overdag verborgen, maar kunnen 's avonds de ruimte verlichten.

The sofa and tables were designed by *Olivier Lempereur* and made in taupe sycamore, varnished to shine.

Canapés et tables dessinés par *Olivier Lempereur* sont réalisés en sycomore gris taupe verni brillant.

De zitbanken en tafels werden ontworpen door *Olivier Lempereur* en uitgevoerd in taupekleurige sycomore, glanzend gevernist.

An antique table and Chinese chairs and a contemporary console in horsehair in the dining room with its leather walls.
Above the dining table is a light made of sheets of alabaster and stainless steel.

Antique table et chaises chinoises, console contemporaine en crin dans la salle à manger aux murs tendus de peau.
On distingue le lustre en plaquettes d'albâtre et inox au dessus de la table de salle à manger.

Een antieke tafel en Chinese stoelen, een hedendaagse console in paardenhaar. De wanden van de eetkamer zijn met vel bekleed.
Boven de eettafel een luchter met platen in albast en inox.

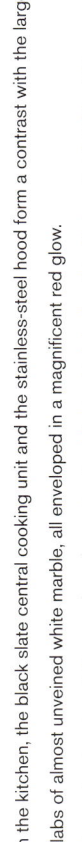

In the kitchen, the black slate central cooking unit and the stainless-steel hood form a contrast with the large slabs of almost unveined white marble, all enveloped in a magnificent red glow.

The cooker hood partially covers a source of natural light, which bathes this kitchen in a bright white.

Dans la cuisine, le volume de l'îlot central en ardoise noire et celui de la hotte en inox se détachent sur les plaques de marbre blanc à peine veiné, nimbées à l'envie d'une magnifique lumière rouge.

La hotte couvre partiellement un puits de lumière naturelle venant inonder la pièce d'une blanche clarté.

Het volume van het centrale kookeiland in zwarte leisteen en de inox dampkap vormen een contrast met de grote platen nauwelijks geaderde witte marmer. Gedempt licht in rode tinten.

De dampkap bedekt gedeeltelijk een punt van natuurlijk licht, dat deze keuken in een helder wit baadt.

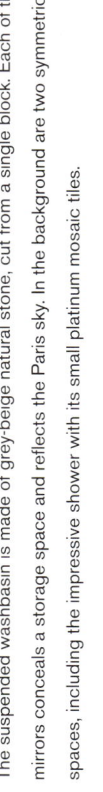

The suspended washbasin is made of grey-beige natural stone, cut from a single block. Each of the mirrors conceals a storage space and reflects the Paris sky. In the background are two symmetrical spaces, including the impressive shower with its small platinum mosaic tiles.

Le plan vasque suspendu de la salle de bains est en pierre naturelle gris beige taillé d'un seul bloc. Chaque miroir dissimule des rangements et reflète le ciel de Paris. À l'arrière deux espaces symétriques dont la douche monumentale en petite mosaïque de platine.

De hangende wastafel is uitgevoerd in grijsbeige natuursteen, gehouwen in één blok. Elke spiegel verbergt een bergruimte en reflecteert de Parijse hemel. Op de achtergrond twee symmetrische ruimten, waaronder een monumentale douche in kleine platina mozaïek.

In this shower with its many reflections, the floor is divided into four large natural-stone tiles that stand free of the walls.

Dans la douche aux reflets multiples, le sol est divisé en quatre grandes dalles de pierre détachées du mur.

In deze douche met de vele reflecties, is de vloer onderverdeeld in vier grote natuursteentegels, los van de muur.

The bath in black and platinum mosaic is held within an illuminated basin of grey-beige natural stone.
A small dressing table is completely concealed behind a panel of sandblasted wood.

La baignoire de mosaïque noire et platine est posée tel un bassin éclairé en pierre gris beige.
Petite coiffeuse totalement dissimulée dans le panneautage de bois sablé.

Het bad in zwarte en platina mozaïek is geplaatst als een verlicht bassin in grijsbeige natuursteen.
Een kleine kaptafel is volledig verborgen achter een paneel in gezandstraald hout.

The leather and wood panels in the bedroom open into the wardrobes. The headboard is clad in leather. To the right of the photo is an easel designed by *Olivier Lempereur*.

Vue de la chambre, les panneaux de cuir et de bois s'ouvrent sur les dressings. La tête de lit est gainée en peau, dans l'angle un chevalet dessiné par le décorateur, support d'un magnifique dessin.

De lederen en houten panelen in de slaapkamer openen naar de dressings. Het hoofdeinde is met vel bekleed. Rechts op de foto een schildersezel ontworpen door de decorateur.

PARIS TRIPLEX

Authentic charm in an artist's studio over three floors in the heart of the 17th arrondissement in Paris. The black-tinted oak parquet floor in every room formed the basis of the colour scheme.

Authenticité et charme d'un atelier d'artiste sur trois niveaux au cœur du XVIIème arrondissement de Paris. La couleur s'est imposée pour chacune des pièces au parquet de chêne teinté noir.

Authentieke charme in een kunstenaarsatelier op drie verdiepingen in het hart van het XVIIste arrondissement van Parijs. De zwartgetinte eiken parketvloer in elke ruimte vormde de basis van de kleurstelling.

4ème ÉTAGE

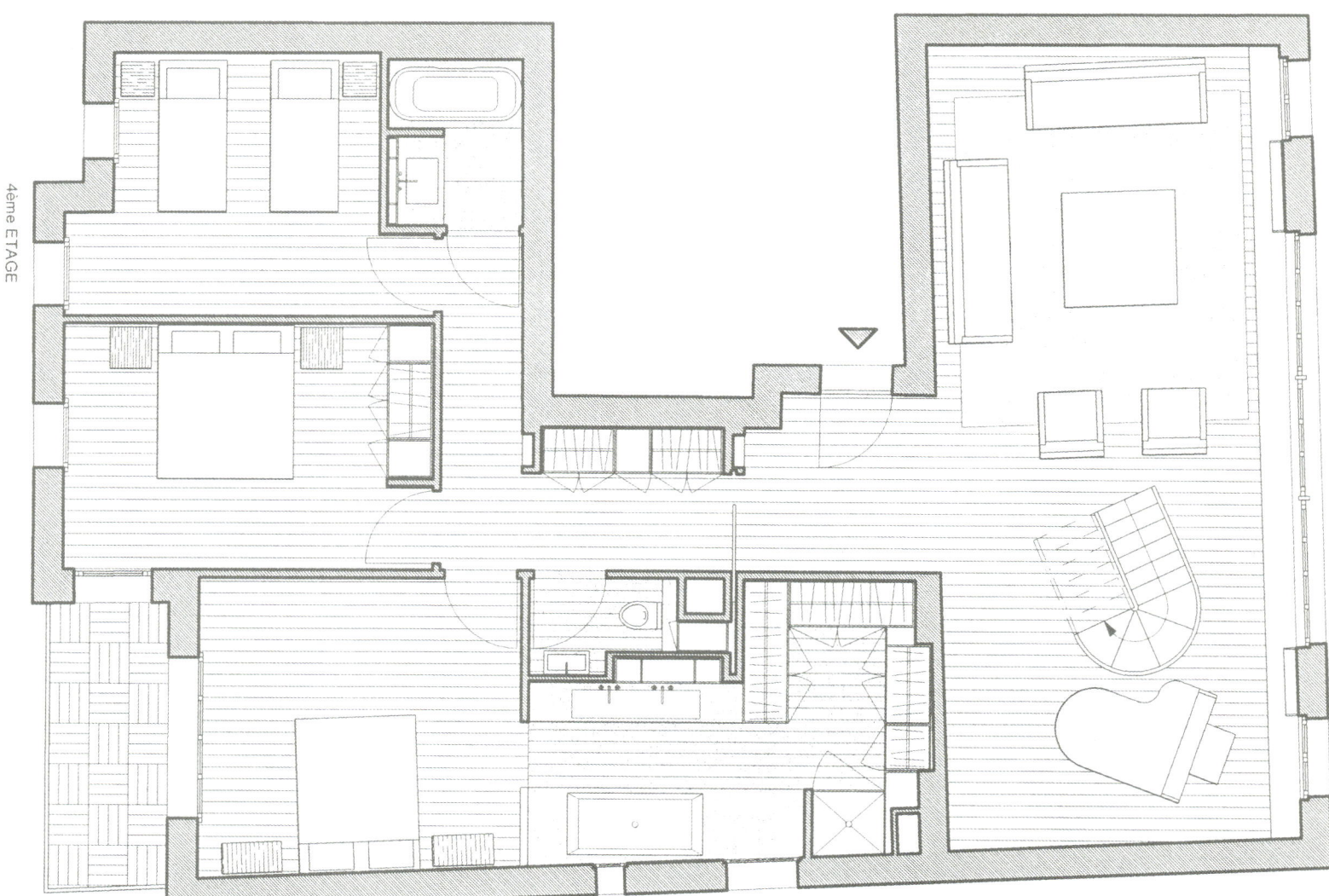

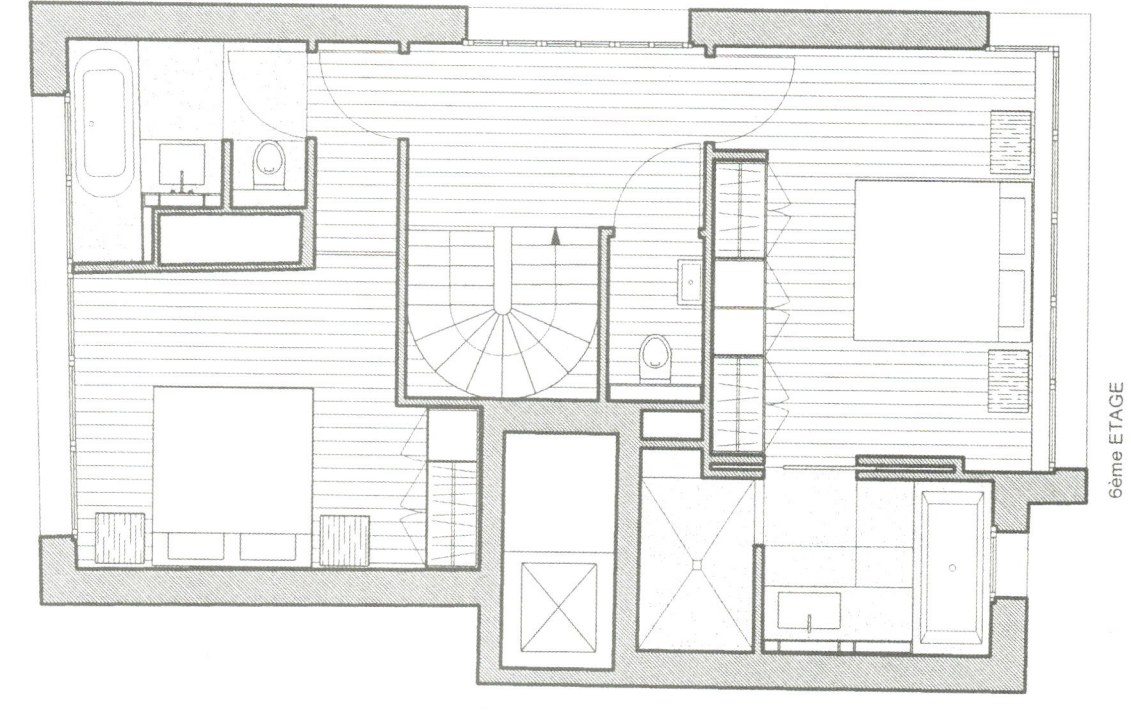

6ème ETAGE

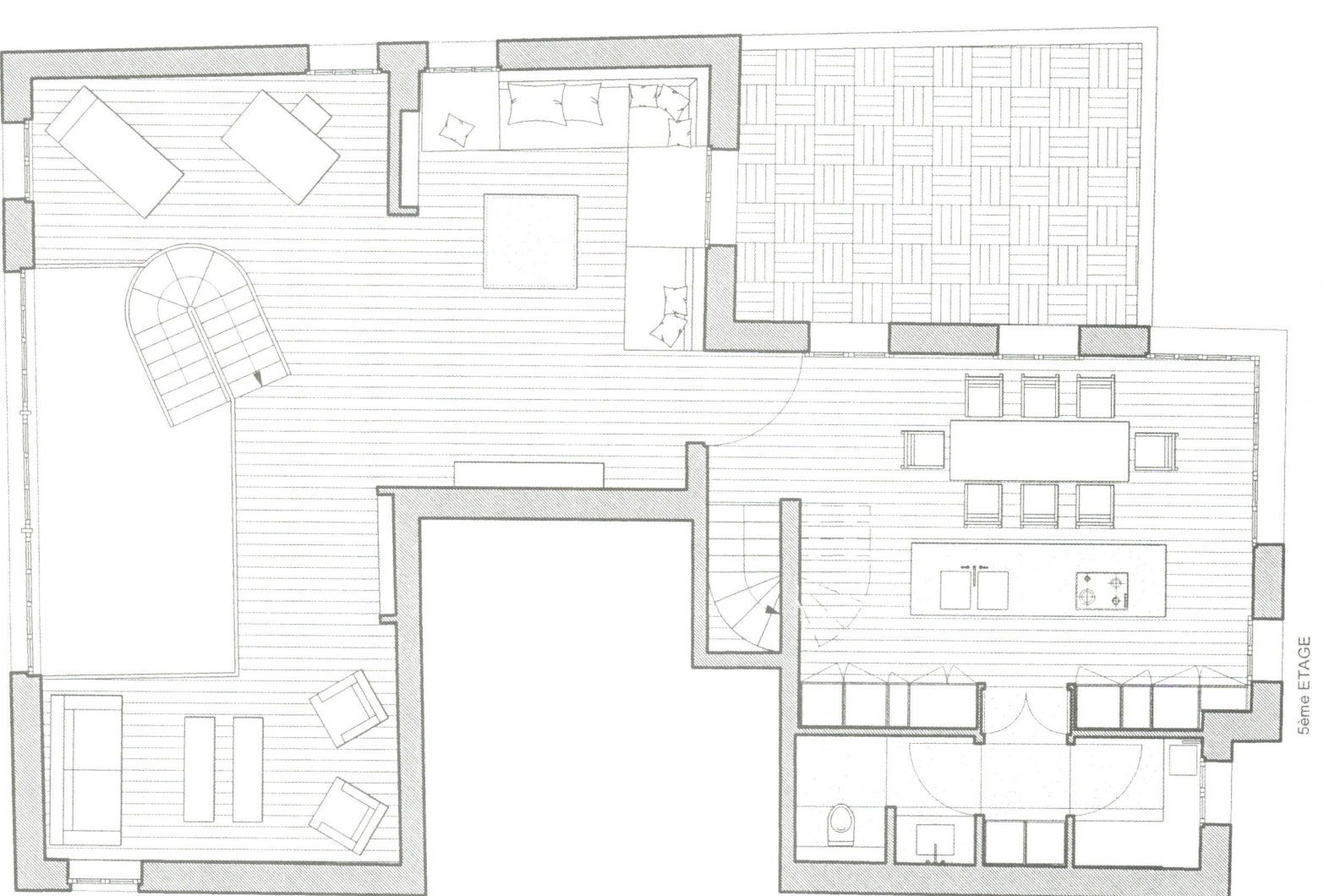

5ème ETAGE

A view of the small sitting room. A colourful work of art sets the tone.

Vue du petit salon, une œuvre d'art très colorée donne le ton.

Zicht op het kleine salon. Een veelkleurig kunstwerk zet de toon.

Opposite the TV room a staircase stands like a black metal sculpture against the huge glass window that floods the room with light.

Face au salon de télévision l'escalier tel une sculpture de métal noir fait face à l'immense verrière qui inonde de lumière.

Tegenover de tv-kamer een trap, vormgegeven als een zwartmetalen sculptuur tegenover de immense glaswand die de ruimte in het licht baadt.

The architecture of the kitchen has a strong structure, with light oak in harmony with the zinc and iron furniture.

La cuisine à l'architecture structurée en bois de chêne clair s'associe au mobilier en zinc et en fer.

De architectuur van de keuken is sterk gestructureerd, met lichteiken hout in harmonie met het meubilair in zink en ijzer.

The bathroom floor is clad with a parquet design in grey natural stone. Horizontal lines in the washbasin and mosaic tiles.

Salle de bains en parquet de pierre naturelle grise, horizontalité du plan vasque et mosaïque parme baroque.

De badkamervloer is bekleed met een parketmotief in grijze natuursteen. Horizontaliteit van de wastafel en de mozaïeken.

HAMOIR HOUSE

This contemporary house, designed by architect *Marc Corbiau*, is situated near the observatory in Brussels. *Olivier Lempereur* designed an apartment with three all-glass façades that look out onto the garden.

Situé dans le quartier de l'Observatoire à Bruxelles, immeuble contemporain, dessiné par l'Architecte *Marc Corbiau*, appartement trois façades entièrement vitrées sur jardin.

Deze hedendaagse woning, ontworpen door architect *Marc Corbiau*, is gesitueerd in de omgeving van de Sterrenwacht te Brussel. *Olivier Lempereur* richtte er een appartement in met drie volledig in glas uitgevoerde gevels, die uitkijken op de tuin.

A balance of volumes and spaces, created by this talented architect: the perfect backdrop for furniture designed by *Olivier Lempereur*.

Un équilibre des volumes et des espaces créé par l'Architecte de talent, parfait écrin pour le mobilier dessiné par *Olivier Lempereur*.

Evenwicht van volumes en ruimten getalenteerde architect, de ideale basis voor het meubilair getekend *Olivier Lempereur*.

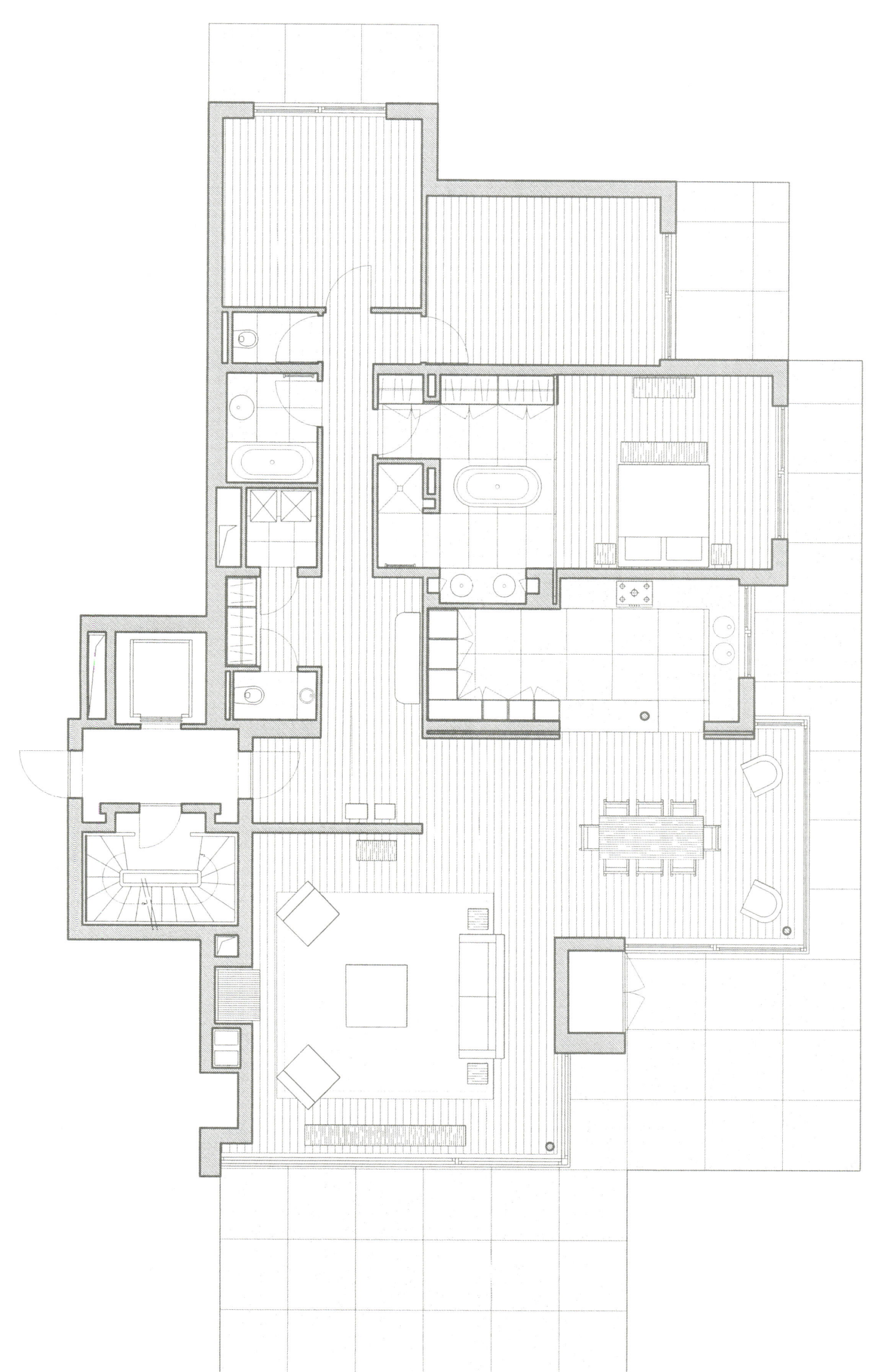

The interplay of the mirrors in the entrance hall opens up the spaces. A practical setting for the vide-poche, one of the first pieces designed by *Olivier Lempereur.*

Dans le hall d'entrée un jeu de miroirs articule les espaces.
Mise en scène pratique du célèbre vide-poche, un des premiers meubles édités par le décorateur.

In de inkomhal articuleert een spel van spiegels de ruimten.
Een praktische enscènering van de vide-poche, één van de eerste meubelen die door de decorateur ontworpen werd.

A view of the sitting room, where the specially designed furniture by *Olivier Lempereur* is in harmony with the light-filled room and its white walls.

Vue du salon, le mobilier dessiné sur mesure par Olivier Lempereur rythme cet espace lumineux aux murs blancs.

Zicht op het salon, met het op maat getekende meubilair van Olivier Lempereur in harmonie met de lichtrijke ruimte met zijn witte muren.

A contrast of grey lavastone and elm-wood furniture in the kitchen.

Vue de la cuisine, contraste de la pierre de lave grise et du mobilier en bois d'orme.

Contrast van de grijze lavasteen en het meubilair in olmenhout in de keuken.

The monumental bed fills the entire space: a free interpretation of the four-poster bed.
All of the furniture is made of light oak and patinated brass.

Le lit monumental occupe l'entièreté de la pièce, interprétation libre du lit à baldaquin.
Tous les meubles ont été réalisés en chêne clair et laiton patiné.

Het monumentale bed neemt de volledige ruimte in: een vrije interpretatie van het
hemelbed. Alle meubelen werden gerealiseerd in licht eikenhout en gepatineerde
messing.

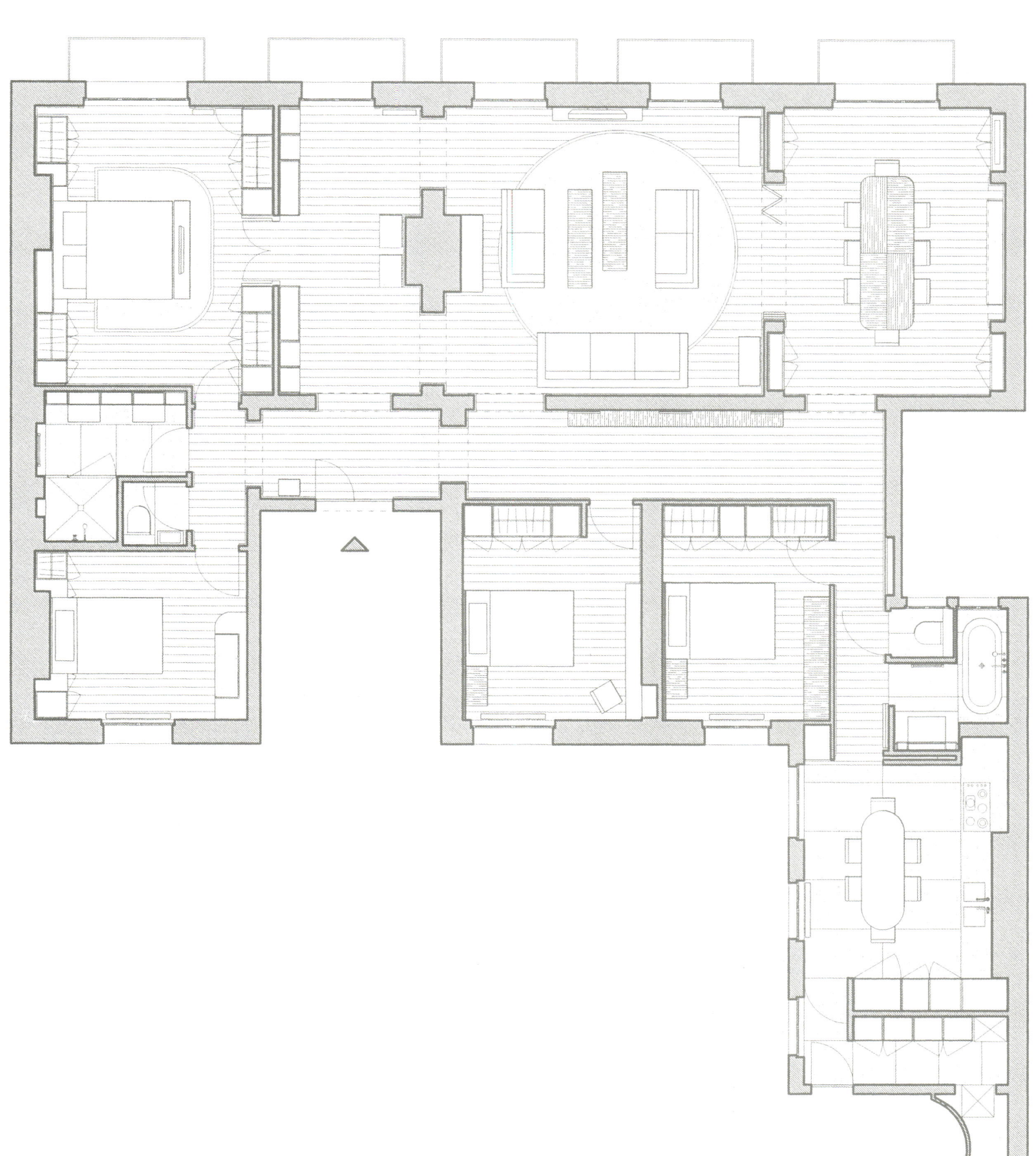

The dining room has been redesigned around this very large restored table. The symmetry of the four display cabinets gives structure to the room. Above the console is a white wall that is awaiting a colourful piece of art.

La salle à manger a été redessinée autour de la très grande table restaurée. La symétrie des quatre meubles vitrines structure l'espace. Au-dessus de la console, un mur blanc en attente de recevoir une œuvre originale colorée.

De eetkamer werd hertekend rond een zeer grote, gerestaureerde tafel. Symmetrie van de vier vitrinemeubelen die de ruimte structureren. Boven de console een witte muur waar later een kleurrijk kunstwerk komt.

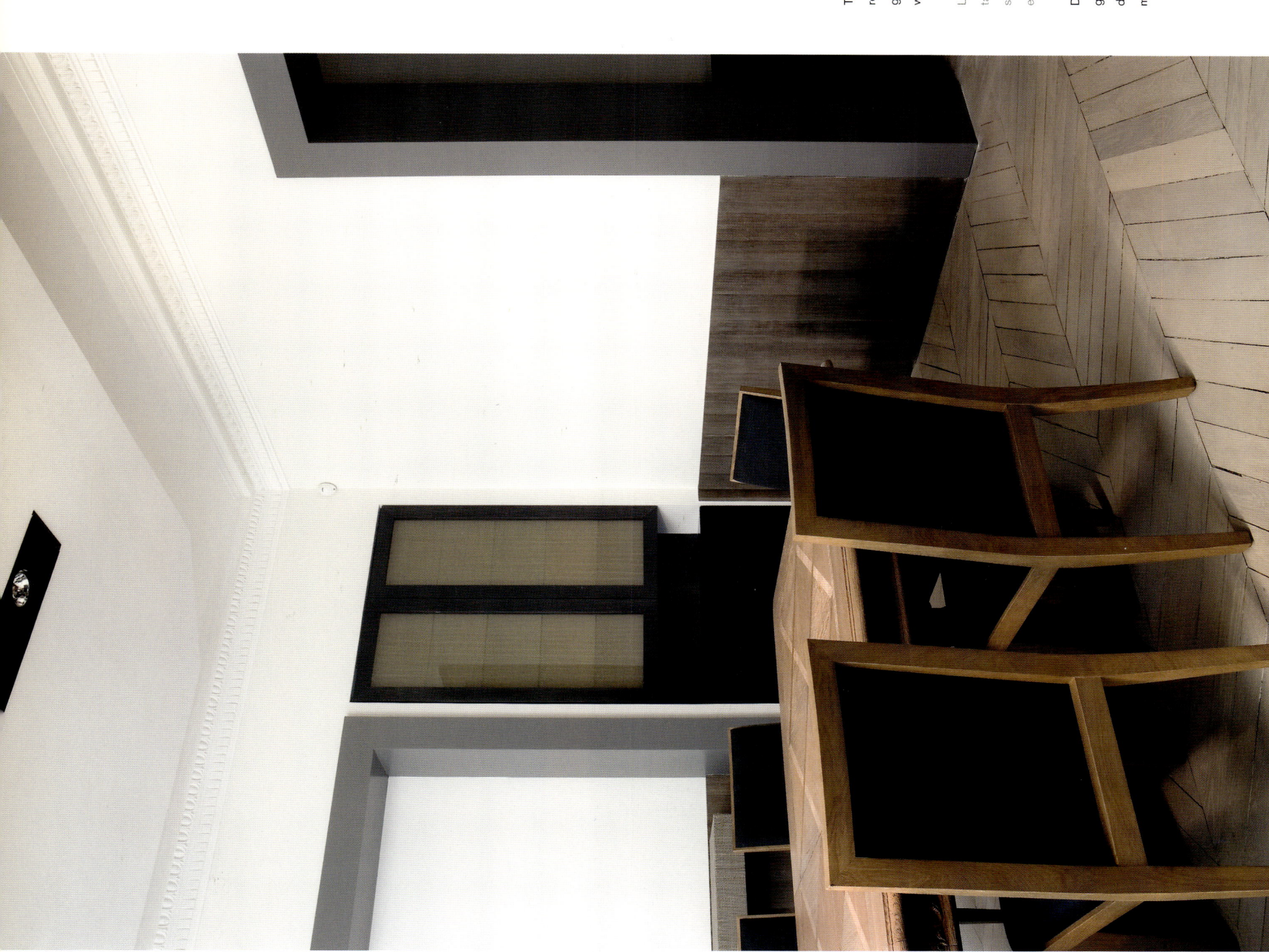

Low tables with four surfaces in white brushed oak and stainless steel, designed by Olivier Lempereur.

Tables basses à quatre plateaux en chêne brossé blanc et inox dessiné par Olivier Lempereur.

Lage tafels met vier plateau's in witgeborstelde eiken en inox, getekend door Olivier Lempereur.

A round carpet in harmony with the rounded forms of the stucco ceiling, a contrast between modernity and history, which has been respected through the preservation of these authentic mouldings.

Un tapis rond répond à l'arrondi du plafond en staff, contraste entre modernité et patrimoine par la mise en valeur des moulures anciennes conservées.

Een rond tapijt in harmonie met de afgeronde vormen van het stucco plafond, een contrast tussen de moderniteit en het erfgoed dat in ere wordt gehouden door de authentieke mouluren.

The doors between the sitting room and the dining room have been replaced by a double screen, a mixture of glass and bronze wire, in a new interpretation of the portico.
An atmospheric view of the sitting room with its generous proportions.

Entre le salon et la salle à manger, les portes ont été remplacées par un double paravent, mélange de verre et de fil bronze s'inscrivant dans un portique réinterprété.
Vue d'ambiance du salon aux larges proportions.

Tussen het salon en de eetkamer werden de deuren vervangen door een dubbel kamerscherm, een mengeling van glas en bronzen draad in een nieuwe interpretatie van de portiek.
Een algemene sfeer van het salon met haar brede proporties.

The shower is clad with natural stone in two shades, with a vertical structure.

The bathroom has been built in a grey natural stone, with a smoothed finish on the lower section and a lightly bush-hammered finish on the upper part.

La douche est traitée en pierre naturelle en deux tonalités, layée dans le sens vertical.

La salle de bains est réalisée dans une pierre grise naturel, traitée adoucie en partie basse et légèrement bouchardée et clair en hauteur.

De douche is bekleed met natuursteen in twee tonaliteiten, verticaal gestructureerd.

De badkamer is uitgevoerd in een grijze natuursteen, gezoet afgewerkt onderaan en licht gebouchardeerd aan de bovenzijde.

In the bedroom the wardrobe doors are ebony panels, finished with bronze. The headboard is clad with leather, in harmony with the specially made leather and ebony unit into which a plasma TV screen has been integrated.

Dans la chambre, les portes de dressing sont en lambris de bois d'ébène et bronze. La tête de lit gainée de cuir répond techniquement au meuble sur mesure en cuir et en ébène intégrant un écran plasma.

In de slaapkamer zijn de deuren van de dressing uitgevoerd in ebbenhouten lambriseringen, afgewerkt met brons. Het beddehoofd is bekleed met leder, in harmonie met het op maat gemaakte meubel in leder en ebbenhout waarin een plasma tv-scherm werd geïntegreerd.

ILE DE LA JATTE

Decorating this triplex apartment on the Ile de la Jatte in Paris was *Olivier Lempereur*'s first big project.

He altered the volumes of the rooms and reorganised them, reallocated the functions, and designed the furniture and accessories throughout the apartment. One dominant motif runs through the project: the use of luxurious materials, natural stone, exclusive varieties of wood, mirror-polished stainless steel, white silk carpets, to form a synthesis of colour and sensuality.

La décoration par *Olivier Lempereur* du triplex sur l'Ile de la Jatte fut son premier grand projet.

Ici, il a découpé les volumes, réparti les fonctions, organisé les espaces, dessiné l'entièreté du mobilier et des accessoires. Une note majeure dominait l'ensemble : des matières nobles, pierre naturelle, bois de fil contrarié, inox poli miroir, tapis de soie blanche, un condensé de valeurs chromatiques et sensuelles.

De decoratie door *Olivier Lempereur* van een triplex appartement op het Parijse Ile de la Jatte was zijn eerste grote project.

Hier werden de volumes herverdeeld in verschillende functies die de ruimte organiseren. Hij tekende ook alle meubilair en accessoires. Eén hoofdmotief domineert het geheel: het gebruik van edele materialen, natuursteen, exclusieve houtsoorten, spiegelgepolijste inox, tapijten in witte zijde, een synthese van chromatische en sensuele waarden.

This apartment has been discussed in detail in a report in *Living with Colour* (Beta-Plus).

Cet appartement a fait l'objet d'un reportage complet dans le livre *Vivre en Couleurs* Éditions *Beta-Plus*.

Dit appartement werd uitvoerig voorgesteld in een reportage van het boek *Leven met Kleur* (Uitgeverij *Beta-Plus*).

Current projects

2006

Appartement O.	Place Rouge	Moscou
Siège Social / Bureaux P.	Avenue Louise	Bruxelles
Cogedim Résidences	Brillat Savarin	Paris
Hôtel Particulier P.	Invalides	Paris
Maison H.	Odéon	Paris
Appartement K.	Uccle	Bruxelles
Maison P.	Etoile	Bruxelles

Completed projects

2006

Appartement O.	Saint Germain des Prés	Paris
Duplex G.	Champs Elysées	Paris
Appartement C.	Ministère de la Culture	Paris
Hôtel Particulier R.	Ranelagh	Paris
Appartement G.	Victor Hugo	Paris

2005

Penthouse K.	Etoile	Paris
Triplex C.	Parc Monceau	Paris
Bureau Y. & WFW	Champs Elysées	Paris
Maison PDP	Rhode Saint Genèse	Bruxelles
Appartement R.	Ranelagh	Paris
Lanvin	Concours Concept Homme	Paris
Appartement L.	Uccle	Bruxelles
Studio ARL	Alésia	Paris
Maison RL 2ème Phase	Alésia	Paris

2004

Pierre Marcolini	Place du Grand Sablon	Bruxelles
Triplex L.	Ile de la Jatte	Neuilly
Cartier	Salle Santos	Genève
Cartier	SIHH 2004	Genève
Appartement R.	Invalides	Paris
Cartier	Bois de Boulogne	Neuilly
Maison PF.	Rue de Grenelle	Paris
Le Basile		

2003

Hôtel particulier C.	Bois de Boulogne	Neuilly
Célestina Agostino	Le Bon Marché	Paris
Cartier	PLV Vitrines	Monde
Cartier	SIHH 2003	Genève
Appartement T.	Quartier Latin	Paris
Maison S.	Bois de Vincennes	Paris

2002

Showroom Zimmer+Rohde	202 rue Saint Honoré	Paris
Cartier	SIHH 2002	Genève
Cartier	Stand Biennale des Antiquaires	Paris
Appartement L.	Boulevard Raspail	Paris
Appartement L.	Tour Eiffel	Paris
Studio C.	Avenue Georges V	Paris
Studio RL	Alésia	Paris
Boutique Cécile & Jeanne	Rue du Vieux Colombier	Paris

2001

Diet Café	9 rue Charles V	Paris
Cécile & Jeanne	OmoteSando	Tokyo
Maison RL	Alésia	Paris
Studio BR.	Saint Germain	Paris
Appartement G.	Avenue de Tervuren	Bruxelles
Duplex T.	Rue Lecourbe	Paris
Duplex O.	Hôtel de Ville	Boulogne

2000

Boutique des Editions de Parfum Frédéric Malle	Paris	Paris
Calvin Klein	Open de Golf 2000	Paris
Calvin Klein	Lancement maquillage	Neuilly
Penthouse C.	Bois de Boulogne	Neuilly
Maison B.	La Fabrique	Montrouge
Maison L.		Suresnes

1999

Calvin Klein	Open de Golf 1999	Paris
Calvin Klein	Lancement Contradiction H.	Paris
Appartement DM.	Champs de Mars	Paris
Appartement T.	Bois de Boulogne	Neuilly
Studio F.	Ranelagh	Paris
Studio F.	Invalides	Paris

BIOGRAPHY

Architect and interior designer *Olivier Lempereur*
www.olivierlempereur.com

1969
Born in Brussels on 19 April

1983 - 1988
Studied cabinet-making at Institut Saint-Luc in Tournai

1988 - 1992
Studied interior design at CAD in Brussels

1992 - 1996
Worked at Ecart International, the interior-design studio of Andrée Putman

1996 - 1997
Worked at AXV - Brussels

1998 - date
Studio for interior design and decoration in Paris

2005 - date
Studio for interior design and decoration in Brussels

BIOGRAFIE

Architect Decorateur *Olivier Lempereur*
www.olivierlempereur.com

1969
Geboren op 19 april te Brussel

1983 - 1988
Studies in Ebenisterie aan het Institut Saint-Luc te Doornik

1988 - 1992
Studies Interieurarchitectuur aan het CAD te Brussel

1992 - 1996
Medewerken bij het bureau voor Interieurarchitectuur
Andrée Putman - Ecart International

1996 - 1997
Medewerker AXV - Brussel

1998 - heden
Studiebureau voor Interieurarchitectuur en Decorateur te Parijs

2005 - heden
Studiebureau voor Interieurarchitectuur en Decorateur te Brussel

---

BIOGRAPHIE

Architecte Décorateur *Olivier Lempereur*
www.olivierlempereur.com

1969
Né le 19 avril à Bruxelles

1983 - 1988
Etudes d'Ebénisterie à l'Institut Saint-Luc à Tournai

1988 - 1992
Etudes d'Architecture Intérieur au CAD à Bruxelles

1992 - 1996
Collaborateur du bureau d'Architecture Intérieur
Andrée Putman - Ecart International

1996 - 1997
Collaborateur AXV - Bruxelles

1998 - présent
Bureau d'Architecture Intérieur et Décorateur à Paris

2005 - présent
Bureau d'Architecture Intérieur et Décorateur à Bruxelles

Remerciements

A Hélène, mon épouse, sans qui tout ceci n'aurait pas été possible.

Elle est ma muse et ma vie.

A tous mes clients, et plus particulièrement ceux qui illustrent cette monographie.

A mes collaborateurs.

PHOTOGRAPHER

Jo Pauwels (except pages 10-15 & 200 : Francis Amiand)

DESIGN

Polydem – Nathalie Binart

TRANSLATIONS

Laura Watkinson (English)

PUBLISHER

BETA-PLUS

Termuninck 3

B – 7850 Enghien

www.betaplus.com